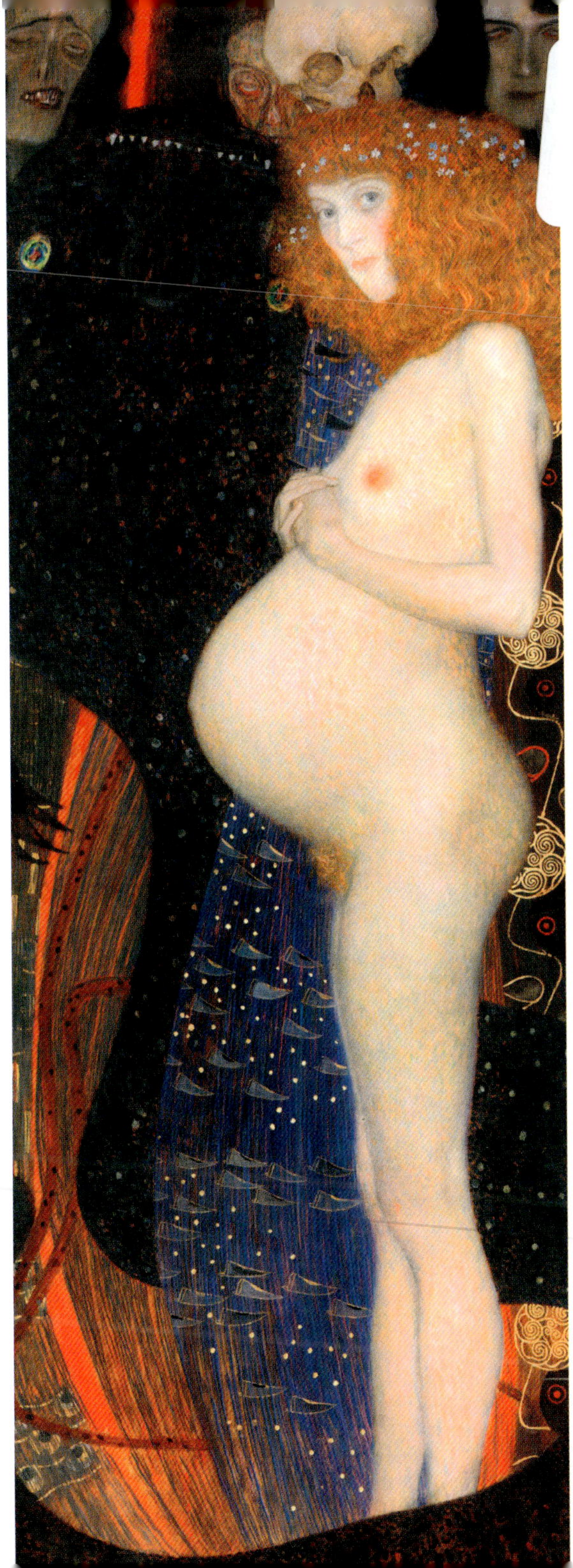

Harald Salfellner

Klimt

Sein Leben in Wort und Bild

Vitalis

Deutsche Originalausgabe
Hergestellt in der
Europäischen Union

ISBN 978-3-89919-547-7

www.vitalis-verlag.com

englische Ausgabe
978-3-89919-548-4

französische Ausgabe
978-3-89919-549-1

spanische Ausgabe
978-3-89919-550-7

italienische Ausgabe
978-3-89919-551-4

russische Ausgabe
978-3-89919-552-1

tschechische Ausgabe
978-3-89919-546-0

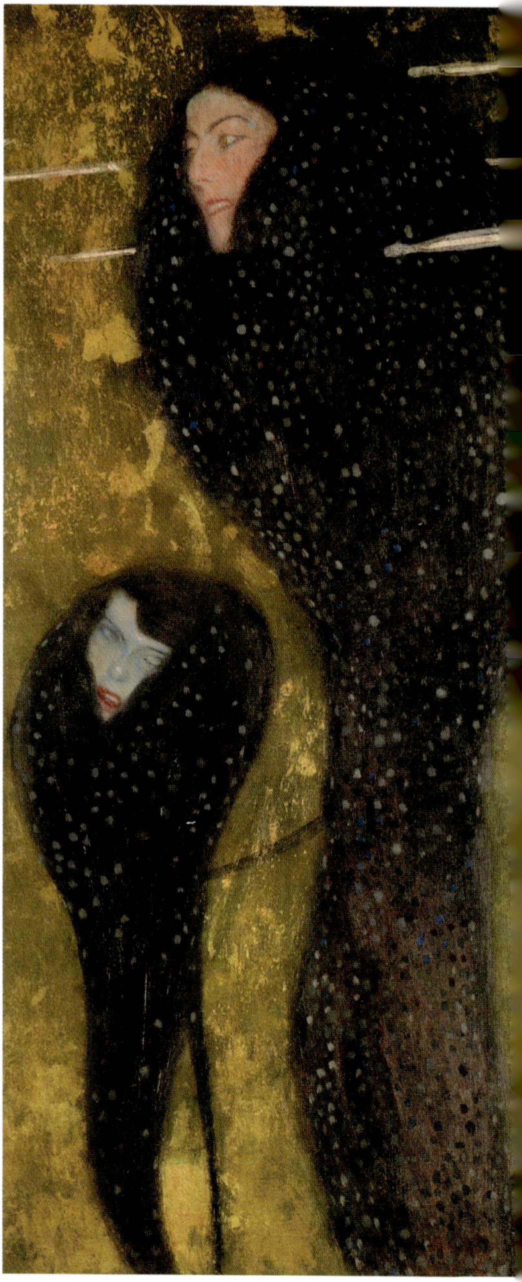

Umschlag vorne: *Judith und Holofernes I*, (Ausschnitt), Öl auf Leinwand, 1901. Österreichische Galerie, Wien.

Umschlag hinten: Gustav Klimt im Malerkittel vor seinem Atelier in der Josefstädterstraße. Fotografie von Moriz Nähr, um 1912.

Abb. 1: (Titelblatt): *Hoffnung I*, 1903. Öl auf Leinwand. Kanadische Nationalgalerie [National Gallery of Canada], Ottawa.

Abb. 2: *Nixen (Silberfische)*, um 1902/03. Öl auf Leinwand. Bank Austria Kunstforum, Wien.

Abb. 3 (gegenüber): Von Klimt entworfene Buchsignets (*Das Werk G. Klimts*, Wien 1909–1918).

INHALT

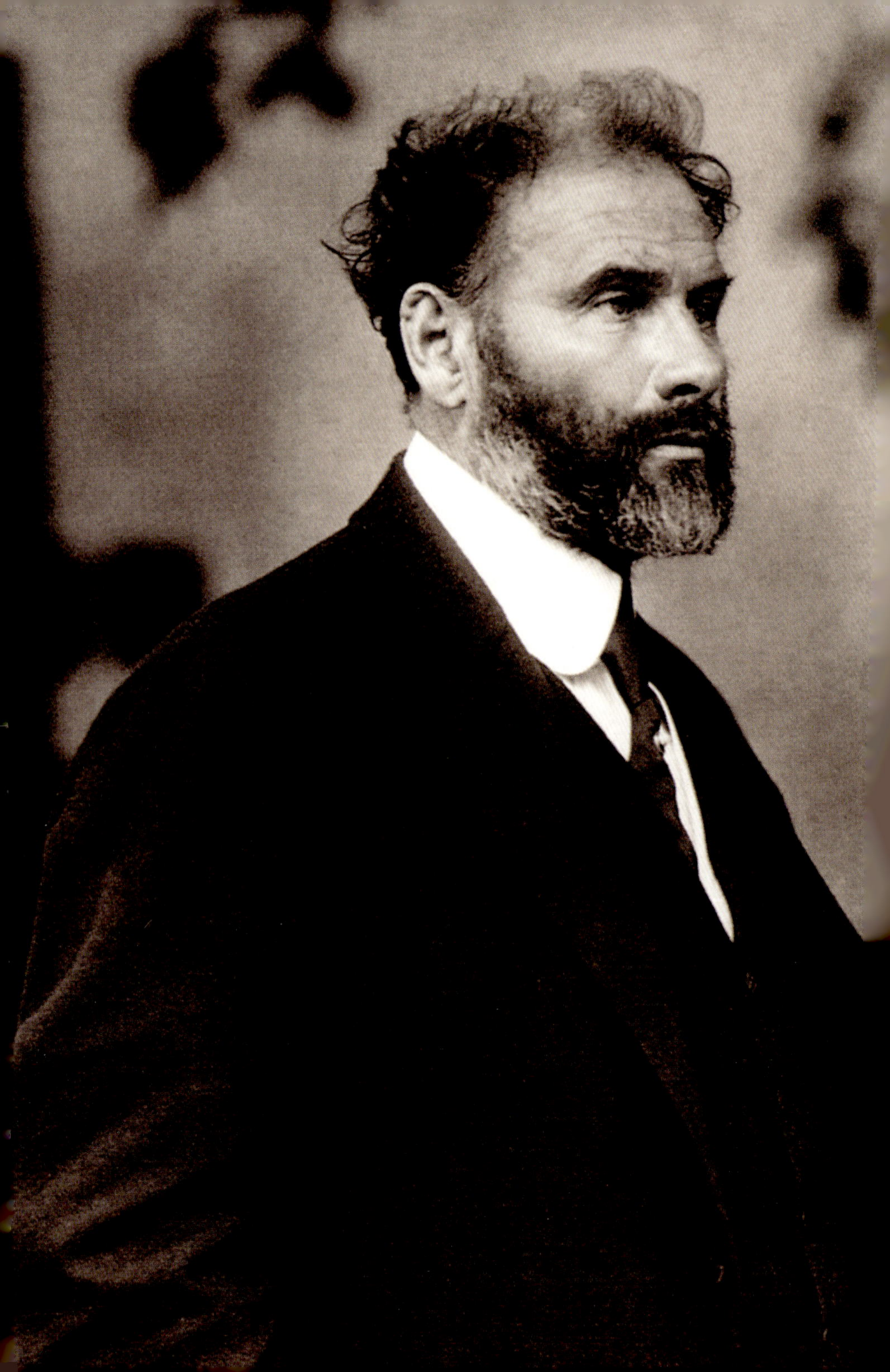

Inhalt

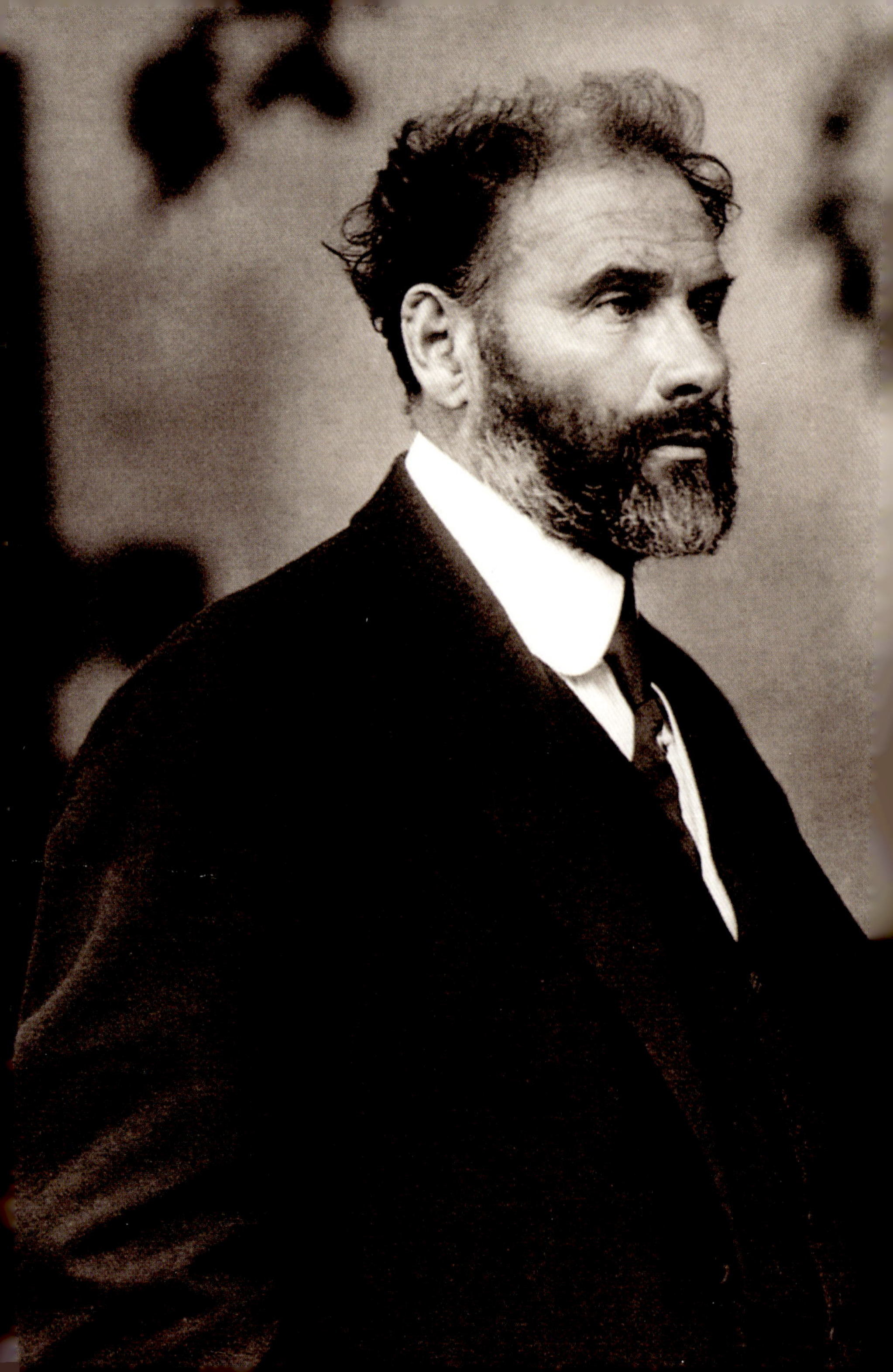

das er sich gab, war ein Teil seiner Markierung.“[2] Der österreichische Maler Anton Faistauer (1887–1930) setzt dem Gemälde einige Farbtupfen auf: „Er war von robuster Gesundheit, sein Gemüt war kindhaft heiter, nichts focht ihn an. Er war gesellig, von einem Kreis von Bewunderern umstellt, dem Lebensgenuß ergeben. Er liebte das Wohlleben und die Ruhe wie ein echter Orientale, sah auch so aus, war wohlwollend und freigebig, lebte als Junggeselle das Leben des Wiener fröhlichen Gesellen mit Wein, Weib, Gesang und Spiel. Für mich deckt sich sein Werk mit seiner Person vollkommen.“[3] Klimt ist ein typisches Kind seiner Stadt: „Musikalisch, mit einer Vorliebe für Schubert, unabhängig, stolz, großzügig bis zur Verschwendung, denn vom Gelde, das er – einmal arriviert – mehr als reichlich verdiente, blieb ihm zur Verwunderung seiner Angehörigen so gut wie nichts. Gutmütig, hilfsbereit und fürsorglich. Ein Herr. [...] Liebenswürdig, wenn auch in sich gekehrt und eher still. Durchaus aber nicht eigenbrötlerisch oder die Gesellschaft meidend.“[4]

Abb. 7: Die schöne Epoche. Neubauvillen wie jene im Wiener Cottage-Viertel spiegeln die Ästhetik und das Lebensgefühl des bürgerlichen Patriziats vor der Jahrhundertwende wider.

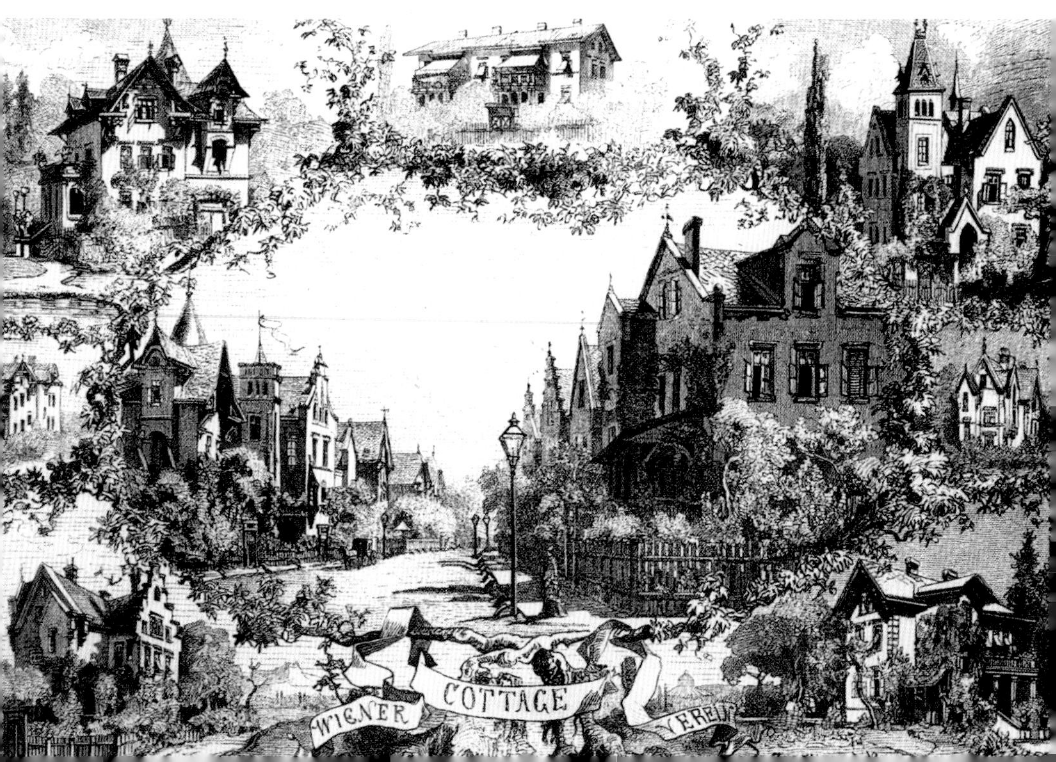

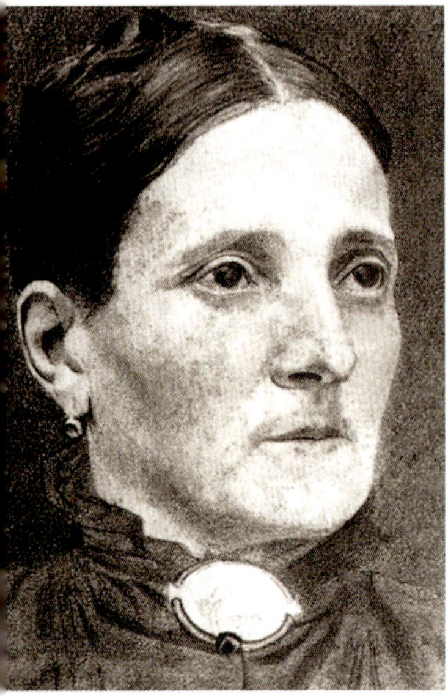

Abb. 8: Portrait der Mutter Anna Klimt, um 1875. Zeichnung von Gustav Klimt. Privatbesitz.

Abb. 9: Klimts Geburtshaus in Baumgarten, undatiert. Fotografie von Moriz Nähr.

Kindheit in der Vorstadt

Seinen ersten Schrei tut das kleine Bündel am 14. Juli des Jahres 1862 in der noch ländlichen Abgeschiedenheit des ruhigen Wiener Vorortes Baumgarten. Bedauerlicherweise wird das Häuschen in der Linzer Straße 247 im XIV. Wiener Gemeindebezirk 1966 demoliert, noch ehe die Klimtrenaissance so richtig einsetzt. Dem dreißigjährigen Graveur Ernst Klimt und seiner Gattin Anna, geb. Finster, einem fröhlichen Wiener „Vorstadtmadl" aus einfachen Verhältnissen, wird in dem einstöckigen, traufseitigen Haus das Söhnlein Gustav geschenkt. Es ist der erste Stammhalter nach der jetzt zweijährigen Tochter Klara. Die Mutter wäre in ihrer Jugend gerne als Sängerin zur Bühne gegangen, der Vater steht fester geerdet in böhmischer Scholle, wie sie sich um den Flecken Drabschitz unweit Leitmeritz erstreckt. Im Alter von acht Jahren ist er in die Kaiserstadt gekommen, hat sich an der Wiener k. k. Akademie der Bildenden Künste in der Klasse „Kleinere Plastik, Ornamentik und Medailleurkunst" ausbilden lassen und findet ein zwar bescheidenes, aber doch hinlängliches Auskommen an der Donau. Kunstsinn und handwerkliches Geschick

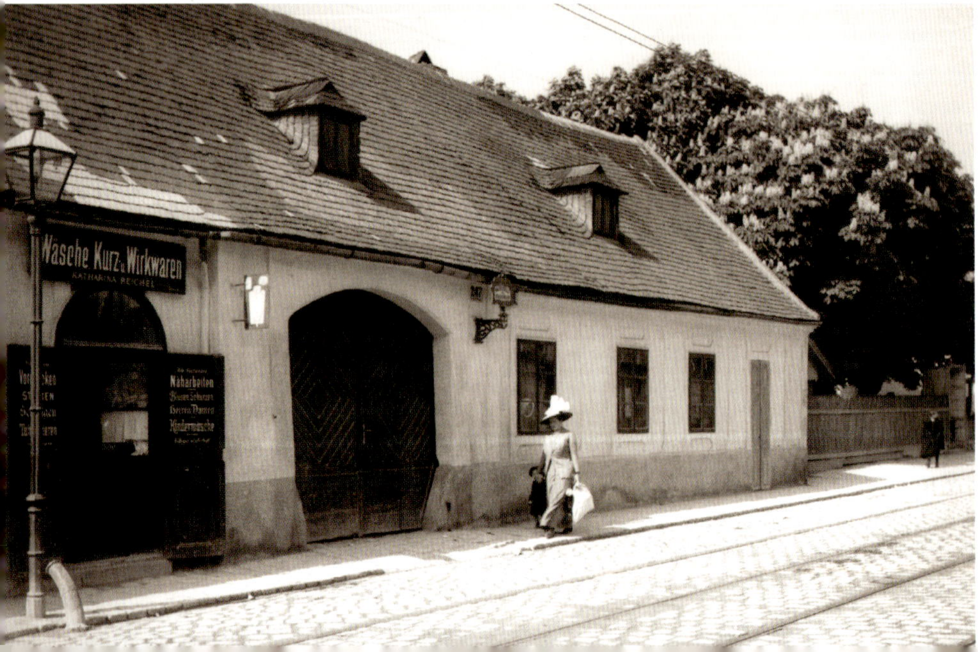

gibt er seinen Kindern weiter. Es sollen ihrer sieben werden: vier Mädchen – Klara (1860–1892), Hermine (1865–1938), Anna (1869–1874) und Johanna (1873–1950) –, dazu die Brüder Gustav (1862–1918), Ernst (1864–1892) und Gregor (1867–1931). Von den Begabungen der Mädchen haben wir wenig Kenntnis; daß den Buben die Kunst im Blut liegt, verrät ihr Werdegang: Gregor wird Ziseleur und Metallbildhauer und fertigt später manchen Metallrahmen für seinen Bruder Gustav. Der um zwei Jahre jüngere Ernst wird mit Gustav – innig brüderlich verbunden – bis zu seinem vorzeitigen Tod im Jahr 1892 in einem gemeinsamen Atelier arbeiten.

An die Tage in Baumgarten kann sich der Maler später nicht mehr erinnern, denn 1864 zieht die Familie nach Penzing, 1867 weiter in die Lerchenfelderstraße im VII. Wiener Gemeindebezirk. Mit nur fünf Jahren stirbt 1874 Klimts Schwesterlein Anna.

Die Eltern schicken Gustav in die Volks- und Bürgerschule in der Lerchenfelderstraße Nr. 61. Die weiteren Wohnungswechsel lassen ahnen, daß die Familie mit Sorgen ringt. Geld ist knapp im Hause Klimt. Vor allem nach dem Börsenkrach 1873 leidet die Familie Not, wie aus den Worten von Klimts Schwester Hermine hervorgeht: „Es gab zu Weihnachten nicht einmal Brot zu Hause, geschweige Geschenke."

Die Kunstgewerbeschule

Als einem Lehrer das Zeichengeschick Gustavs auffällt, weist er die Eltern auf des Buben Talent hin – die haben Verständnis für die künstlerischen Neigungen ihres Sohnes und finden eine Lehrstätte, die praktische Ergebnisse verspricht: Am Stubenring Nr. 3 hat neuerdings eine Kunstgewerbeschule unter der Ägide des benachbarten Österreichischen Museums für Kunst und Industrie ihre Pforten geöffnet. Die Schule soll der Industrie den benötigten handwerklich ausgebildeten Nachwuchs an künstlerischen Fachkräften

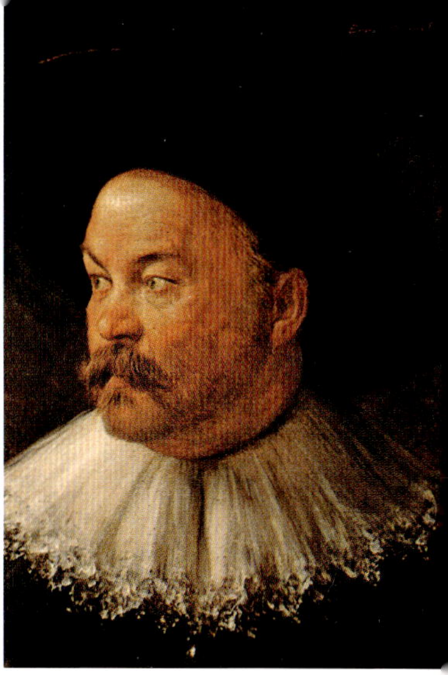

Abb. 10: Portrait seines Vaters Ernst Klimt in niederländischer Tracht. Eine Studie Gustav Klimts für das Intercolumnenbild im Kunsthistorischen Museum Wien. Privatbesitz.

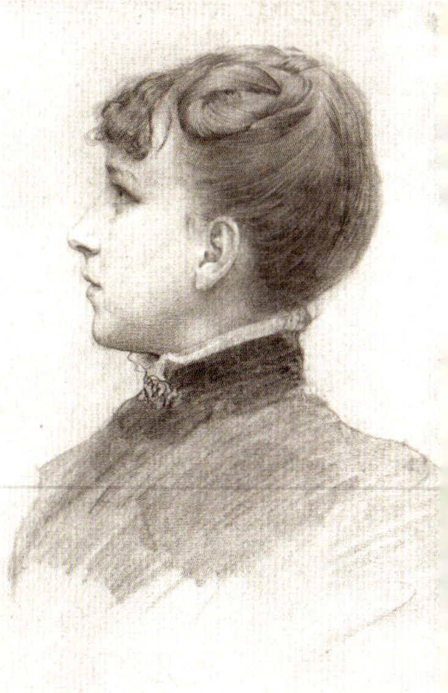

Abb. 11: Klimts Schwester Hermine, 1887/88. Zeichnung mit schwarzer Kreide und Bleistift. Wien Museum.

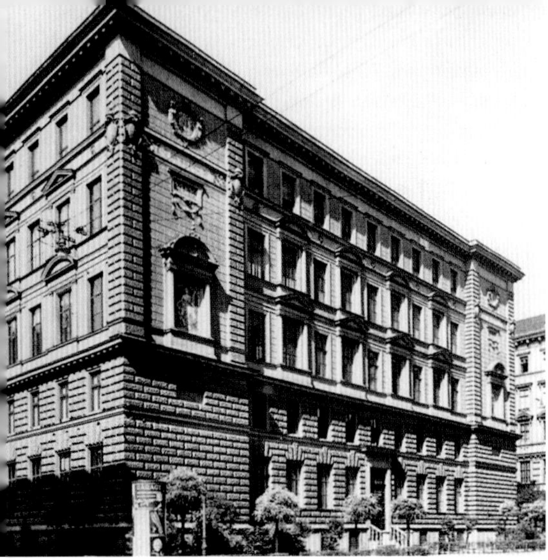

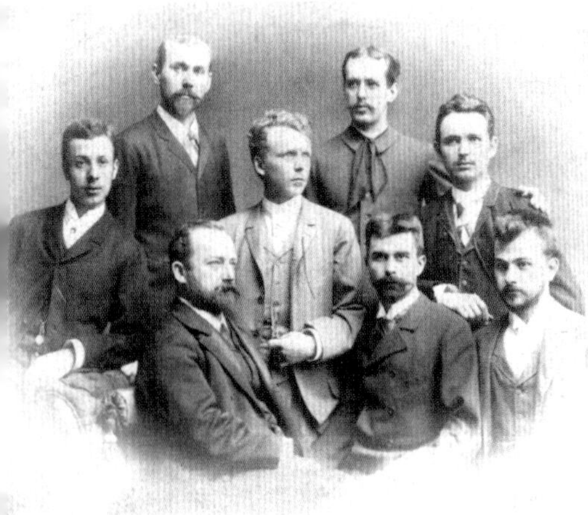

Abb. 12: Ferdinand Laufberger im Kreise seiner Schüler, um 1880. Untere Reihe v. l. n. r.: Ferdinand Laufberger, Gustav Klimt, Ernst Klimt.

Abb. 13: Die Kunstgewerbeschule des Architekten Heinrich Ferstel, um 1920. Fotografie Bruno Reiffenstein.

sichern und womöglich zu einer Verschönerung und damit auch besseren Konkurrenzfähigkeit der österreichischen Erzeugnisse führen. Mit dem Abschlußzeugnis dieser Schule darf man auf einen Posten als Zeichenlehrer oder eine Anstellung bei einem Industrieunternehmen hoffen. Im Oktober 1876 wird der 14jährige Klimt nach bestandener Eingangsprüfung in dieses Institut aufgenommen, sein Bruder Ernst folgt im Jahr danach. Zum Dritten im künftigen Freundschafsbund wird der um ein Jahr ältere Franz Matsch (1861–1942).

Der Ausbildungsweg hebt mit einer mehrjährigen Vorbereitungsklasse an, dann erst werden die Zöglinge in der Fachklasse für Zeichnen und Malerei in die Künste eingeweiht. Einer von ihnen ist der aus Böhmen nach Wien gekommene Ferdinand Laufberger (1829–1881), der die Burschen im figürlichen Zeichnen ausbildet. Sein *Mosaikbild der Pallas Athene* können sie an der Vorderseite des Museums für Angewandte Kunst bewundern, das vormals als Österreichisches Museum für Kunst und Industrie bekannt war. Auf Klimt übt dieser Lehrer großen Einfluß aus. Nach dessen Ableben werden der junge Künstler und seine Kollegen von dem aus Mähren stammenden Professor für dekorative Malerei Julius Victor Berger (1850–1902) unterrichtet.

Sieben Jahre dauert die Lehre an der Kunstgewerbeschule, von der Anatomie für Künstler über die Stillehre bis hin zum Technischen Zeichnen. An Vorbildern fehlt es nicht – aber alle werden überragt von Hans Makart (1840–1884), dem unerreichten Großmeister der dekorativen Neurenaissance, dem künstlerischen Ideal der Ringstraßenära. Rang, Name, Geld – alles ist dem Ruhmbekränzten im Übermaß zu eigen. Wer wollte ihm da nicht nacheifern!

Weit noch ist Klimt von solchen Höhenflügen entfernt, gilt es doch erst einmal das Handwerk von der Pike auf zu lernen. Dazu gehört damals an vorderster Stelle die Nachahmung historischer Stile, das präzise Ausführen von Ornamenten oder das Abzeichnen von Gipsfiguren, wie jenem antiken Frauenkopf bei der Aufnahmeprüfung. Später hat man diesen bewährten Unterrichtsmethoden schlechte Noten ausgestellt und die Vorzüge solch handwerklicher Ausbildung in Abrede gestellt. Das beste Gegenargument ist Klimt selbst: dem soliden Grund seiner Unterweisungen in der Kunstgewerbeschule dürfte ein Gutteil seiner sicheren Hand geschuldet sein.

Abb. 14: *Jugend*, 1882. Vorlage für das Mappenwerk *Allegorien und Embleme*. Wien Museum.

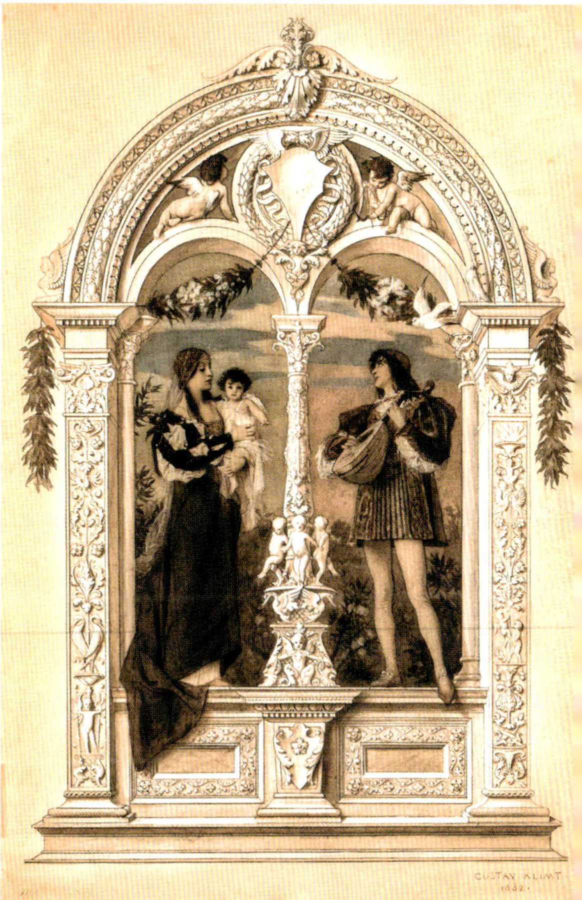

Fleiss und Preis

In ihren freien Stunden fertigen die Studenten Portraits nach Fotografien an. Damit läßt sich manches Zubrot verdienen, denn ganze sechs Gulden bringt so ein adrett ins Passepartout gestecktes Bild. Die Familie hat es bitternötig, denn mit den zwanzig Gulden Begabtenstipendium läßt es sich auch in dem baufälligen Gebäude in der Mariahilfer Straße 75 im VI. Wiener Gemeindebezirk kaum überleben, wo die Klimts seit 1880 wohnen. Als das vormalige Kloster 1884 demoliert wird, siedelt die Familie für sechs Jahre in die Stuckgasse 6 um, im VII. Gemeindebezirk Neubau.

Michael Rieser (1828–1905), der Lehrer aus der Vorbereitungsklasse, zieht die Brüder zur Mitarbeit an den Glasfenstern der jüngst erbauten Votivkirche heran. Fürs Übertragen der Entwürfe gibt es gutes Geld. Und auch als ihr Lehrer Laufberger für die Innenhöfe des Kunsthistorischen Museums allegorische Sgraffiti anfertigen soll, dürfen die Brüder Klimt und Franz Matsch mithelfen, wie auch bei der Ausschmückung des pompösen Festzuges, den Hans Makart anläßlich der Silberhochzeit des Kaiserpaares ausstattet. Laufberger empfiehlt seine Schüler dem Architektenduo Ferdinand Fellner (1847–1916) und Hermann Helmer (1849–1919). Für deren damals regelrecht aus dem Boden schießende Theaterbauten können Klimt und seine Freunde verschiedene Deckengemälde und Vorhänge gestalten, freilich noch ohne jegliche persönliche Signatur. Ein Deckenbild für das Palais Sturany in Wien, ein anderes wieder für das Kurhaus in Karlsbad unter dem Motto *Die Musik der Nationen* – schon in der Kunstgewerbeschule gehen die Geschäfte nicht schlecht. Auch im reichen und industriefleißigen Böhmen wird gebaut, geschmückt, entwickelt, besonders in den deutschböhmischen Industriezentren im Norden. Makart ist zwar auch in der Provinz bekannt, aber nicht jeder Bauherr kann sich seine astronomischen Honorarforderungen leisten. Als für das Stadttheater von Reichenberg einige Deckengemälde und ein Theatervorhang nach Makarts Schnittmuster verlangt werden, kann Klimt den Auftrag für ein Honorar von stattlichen 1.800 Gulden an Land ziehen.

Abb. 15: *Liegende Mänade*, 1886/87. Schwarzer Bleistift, weiß erhöht. Studie zum Dionysosaltar. Grafische Sammlung Albertina, Wien.

Abb. 16: *Idylle*, 1884. Öl auf Leinwand. Vorlage für das Mappenwerk *Allegorien und Embleme*. Wien Museum.

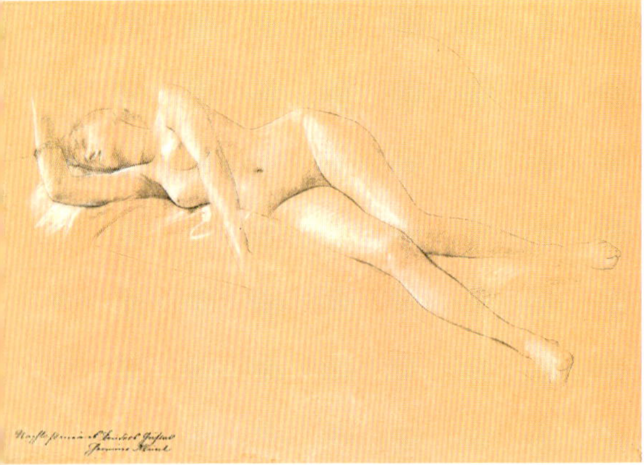

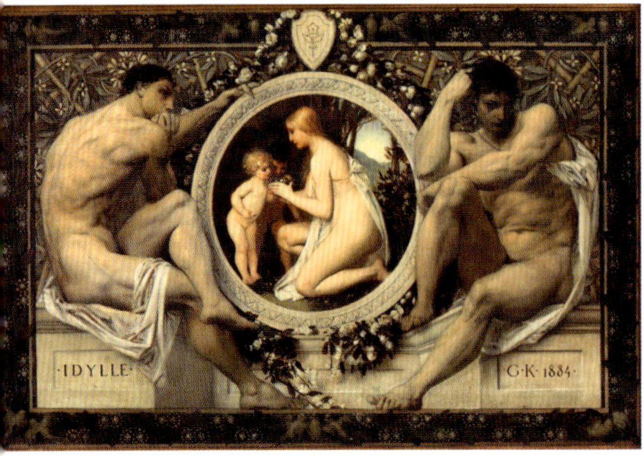

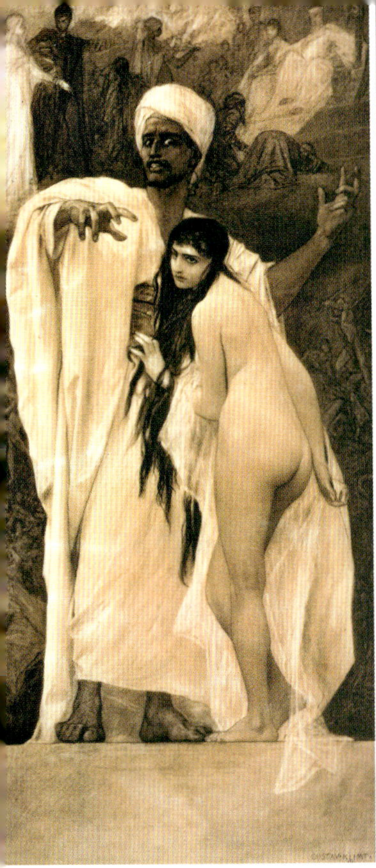

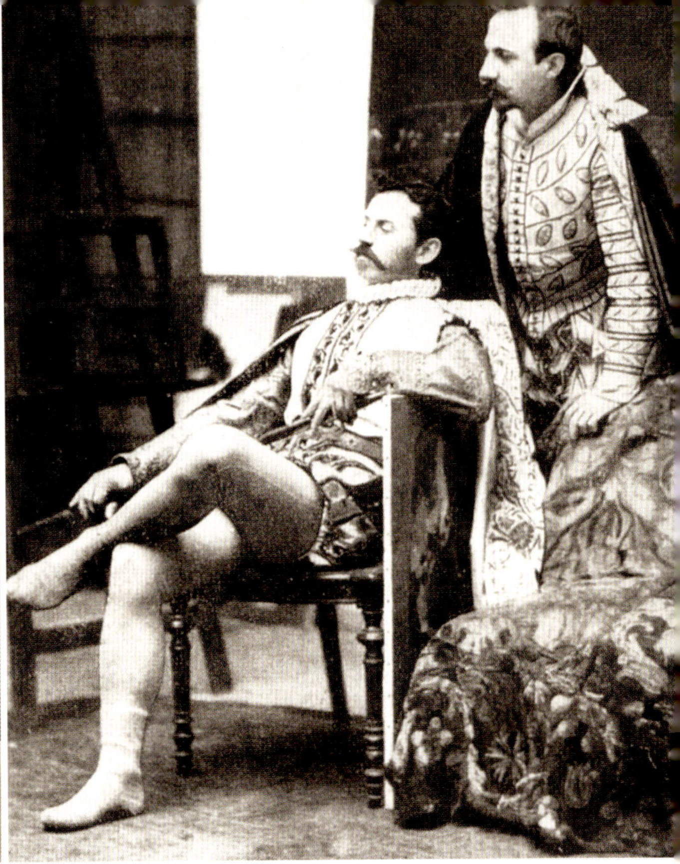

Abb. 17: *Märchen*, 1884. Tinte, Tusche und Bleistift. Wien Museum.

Abb. 18: Franz Matsch und Ernst Klimt (links) posieren für das Bild *Das Globe-Theatre in London* im Burgtheater.

Neben den Dekorationsaufträgen verspricht auch das ambitionierte Auftragswerk des Verlegers Martin Gerlach (1846–1918) interessante Einkünfte: ein in großem Stil konzipiertes Mappenwerk *Allegorien und Embleme*, das zwischen 1882 und 1884 als Vorlagenwerk für Kunst und Handwerk erscheint. Klimt beteiligt sich mit einer *Allegorie der Vier Tageszeiten*. Für die von 1895 bis 1900 aufgelegte neue Folge liefert er die Tafeln *Fabel*, *Oper*, *Idylle*, *Reiche der Natur* und *Jugend*.

Schon sprechen die drei Schulfreunde von einer „Künstlercompagnie", und als die jungen Herren 1883 gänzlich ins Erwerbsleben treten, ist von der Fron als Zeichenlehrer nicht mehr die Rede. In einem eigenen Atelier will man der steigenden Nachfrage nach dekorativem Schmuckwerk nachkommen, man will Künstler sein und Unternehmer zugleich.

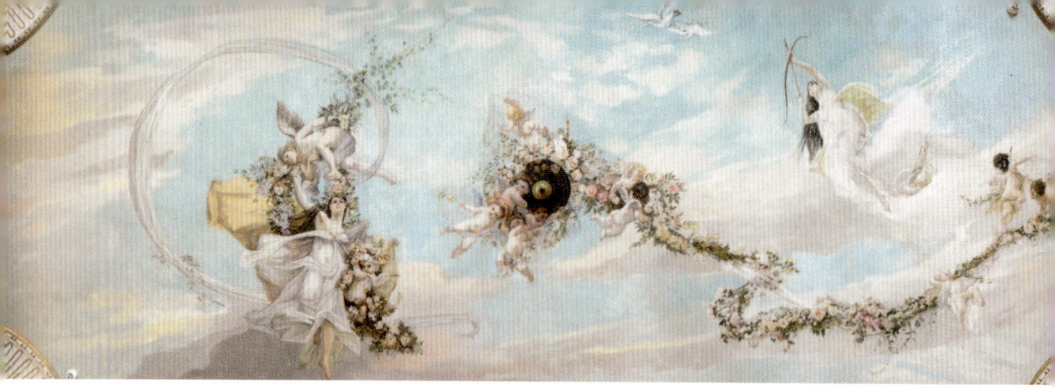

Abb. 19: Gustav Klimt, Ernst Klimt, Franz Matsch: *Frühling*, 1885. Öl auf Stukkaturgrund. Hermesvilla, Wien, Deckengemälde im Salon der Kaiserin Elisabeth.

Es sind die Jahre, in denen an zahlreichen Großbaustellen der Ringstraße lukrative Dekorationsarbeiten zu vergeben sind: Aus dem Böhmischen strömen die Ziegelarbeiter an die Donau, in der Stadt singen die Sägen, dröhnen die Hämmer. Ein Gebäude ums andere wächst aus dem Boden. Wo heute ein Baugerüst steht, ragt morgen schon ein herrlicher Palast in den Wiener Himmel. Das Publikum blickt ehrfürchtig hinauf zu den bunten Deckengemälden, die den Gewölben eine klassische Anmut verleihen.

Die drei Burschen aus der Kunstgewerbeschule wissen das Eisen zu schmieden. In der Sandwirthgasse Nr. 8, dem Oberstock einer Seidenfabrik im Wiener Bezirk Mariahilf, richten sie sich 1883 das erste Atelier ein. Zu dritt lassen sich die Dekorationen deutlich schneller liefern als im Einzelgang. Alle drei sind sie dem Vorbild Makarts verpflichtet, individuelle Stilunterschiede werden nicht gepflegt. Verläßlich liefern sie die historischen Formen, die immer und immer wieder verlangt werden. Die Bauherren sind zufrieden – die solide Arbeit spricht sich schnell herum. Schon können sie Geld nach Hause schicken und den Familien unter die Arme greifen. Immer bedeutender sind die Aufträge, die sie ausführen dürfen, so wird etwa für das soeben fertiggestellte Königsschloß Peleș in Rumänien eine *Ahnengalerie* bestellt. Für die Wandgemälde im Wiener Tuskulum ihrer Kaiserlichen Majestät, der Hermesvilla in Lainz, hat Hans Makart Skizzen geliefert – ausführen kann er das Werk nicht mehr. Die Nachricht von seinem

Abb. 20: *Zuschauerraum im alten Burgtheater*, 1888. Gouache auf Papier. Wien Museum. Ab 1887 arbeiten die Freunde an diesem Auftrag: Sie sollen den Zuschauerraum des alten Wiener Burgtheaters in verschiedenen Ansichten festhalten, ehe das Gebäude 1888 geschleift wird. Klimts naturalistischer Darstellung von der Bühne her wird großes Lob gezollt. In die Gouache sind zahlreiche Wiener Persönlichkeiten

Hinscheiden erschüttert die Wiener Künstlerszene, dem Triumvirat Gebrüder Klimt und Matsch bringt es neue Aufträge. Die Compagnie führt das Lainzer Schlafzimmer der Kaiserin zu Ende.

Unter den Auftraggebern sind immer wieder Provinzmetropolen wie Fiume (Rijeka), für dessen Stadttheater 1883 bis 1885 sechs Deckenbilder in ovalen Kartuschen und ein längliches Proszeniumsbild *Allegorien der Musikgattungen* verlangt werden. Ehe die Bilder an die Adria abgehen, dürfen die Wiener sie in einer Ausstellung inspizieren. Für das Nationaltheater in Bukarest will man Wanddekorationen von der

und Abonnementbesucher eingewirkt, aber auch Freundinnen und Schwestern Klimts, die dem Maler Modell gestanden sind.
Die Damen und Herren der Wiener Gesellschaft werden bei Klimt vorstellig, so tuschelt man, um in den Kreis der erlauchten Theaterbesucher hineingemalt zu werden.
Die Auftraggeber sind begeistert von dem fertigen Gemälde, Klimt wird 1890 der mit 400 Gulden dotierte Kaiserpreis zugesprochen.

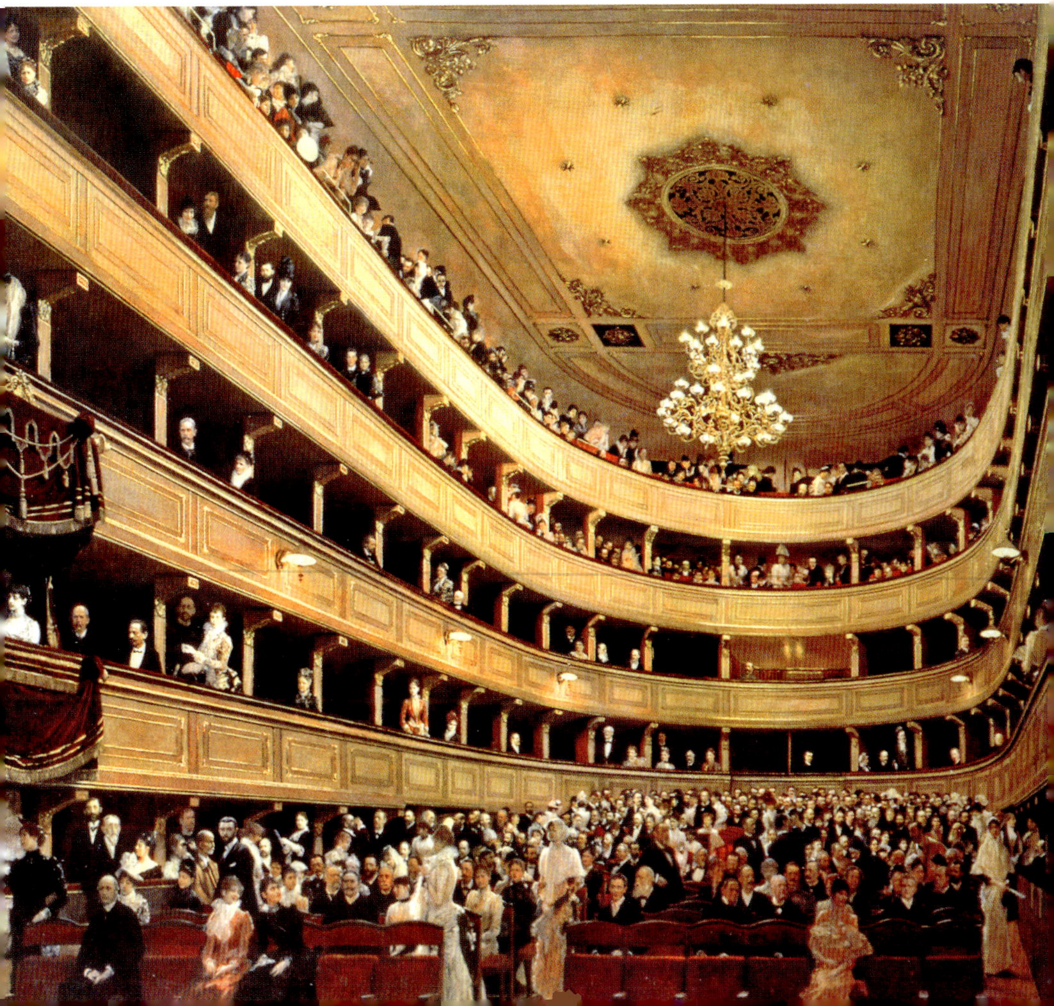

Compagnie. In den Jahren 1885 und 1886 sind die Gebrüder Klimt und Franz Matsch mit der Ausfertigung der Deckenbilder im Stadttheater in Karlsbad beschäftigt, das am 15. Mai 1886 feierlich eröffnet werden soll. Klimt liefert *Tafelfreuden* und *Tanz*, und als Gemeinschaftsarbeit wird ein Theatervorhang mit dem Thema *Huldigung an die Bühnenkunst* ausgeführt. Bevor sich das 9 ½ mal 4 Meter große Textil endlich vor den Karlsbader Theaterbesuchern hebt, soll es noch im Säulenhof des Österreichischen Kunstgewerbemuseums ausgestellt werden. Anläßlich der Fertigstellung des Stadttheaters erscheint im Wiener Verlag Schroll sogar ein Mappenwerk mit sechs Folioreproduktionen zu der Ausschmückung des Karlsbader Musentempels.

Abb. 21: *Tafelfreuden*, 1886. Öl auf Leinwand. Karlsbad, Stadttheater.

Abb. 22: *Tanz*, 1886. Öl auf Leinwand. Karlsbad, Stadttheater.

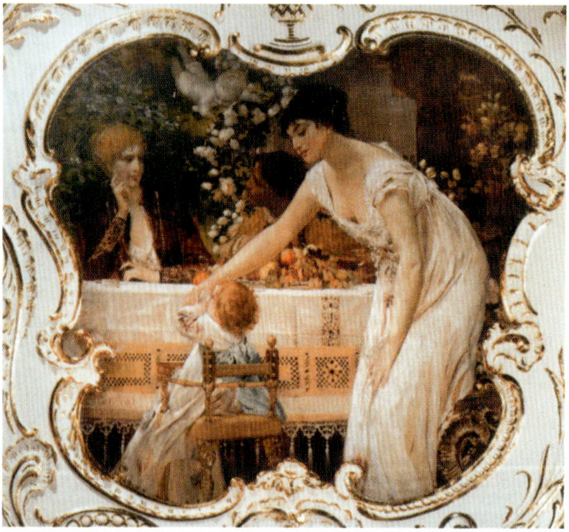

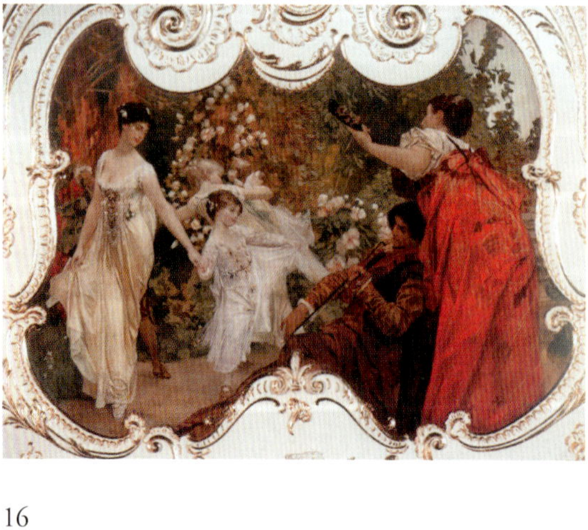

Abb. 23: *Das Theater in Taormina*, 1886–1888. Öl auf Marmorputz. Nördliches Stiegenhaus des Wiener Burgtheaters. Das größte der von Klimt für das Burgtheater gemalten Bilder gibt Einblick in das idealisierte und erotisch aufgeladene Treiben in einer römischen Villa. Im Vordergrund bewegt sich eine Schleiertänzerin zu den Klängen einer nackten Doppelaulosspielerin, eine rotgekleidete Frau schlägt die Tamburine dazu. Das in der Bildmitte ausgeführte, namengebende Theater in Taormina tritt wie fernes Beiwerk hinter die launige Szene zurück.

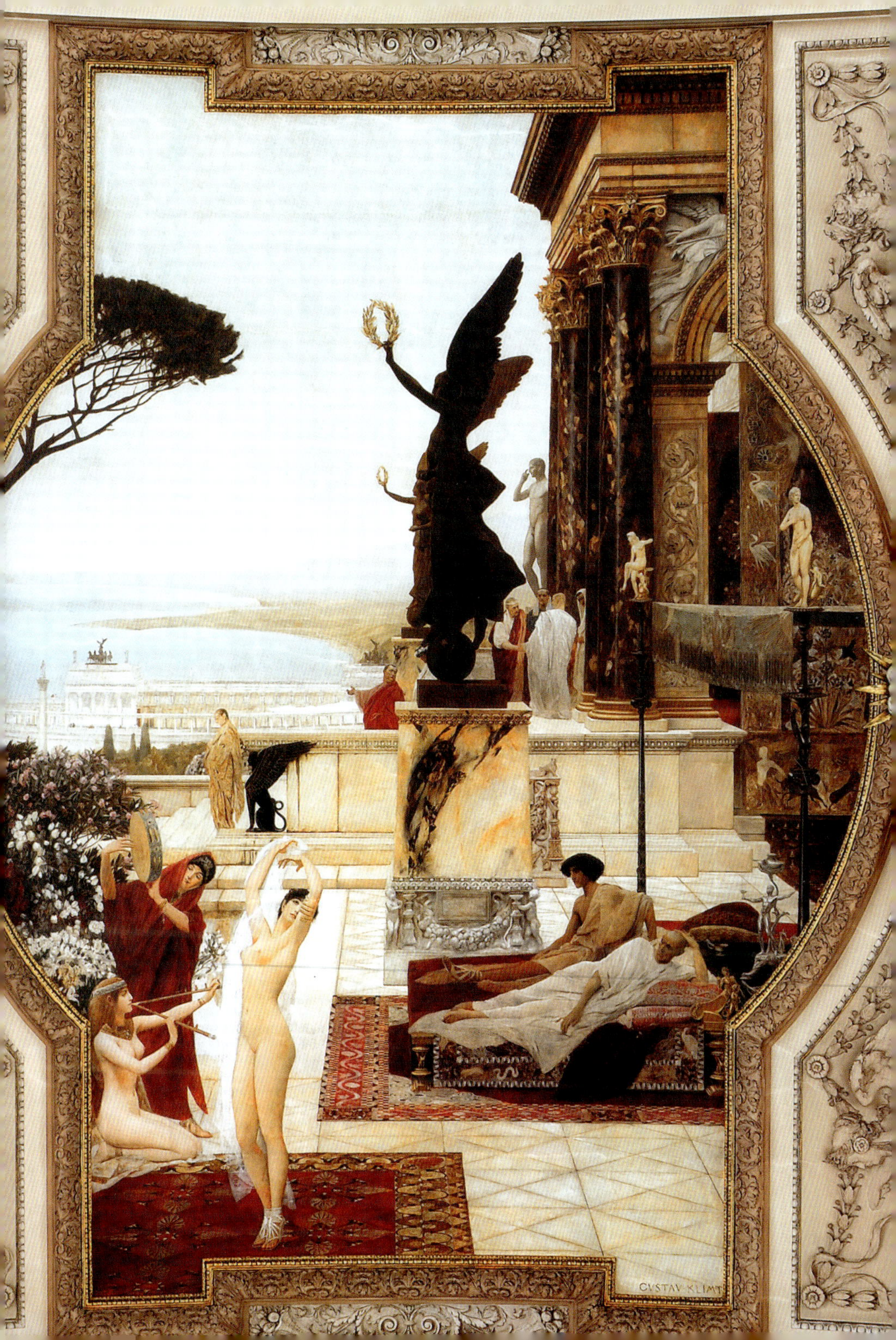
GVSTAV KLIMT

Malen im alten und im neuen Burgtheater

Zum Ausruhen bleibt wenig Zeit, denn schon wird die Künstlercompagnie mit Decken- und Lünettenbildern für die beiden Treppenhäuser des neuen Burgtheaters beauftragt. Es sind heute hochgeschätzte Bilder, die der junge Meister da zuwege bringt, vom *Thespiskarren* über den *Altar des Dionysos* bis zum Gemälde *Das Theater in Taormina*. Bis 1888 ziehen sich die Arbeiten hin, und als die Bilder vorgezeigt werden, finden sie lebhaften Anklang. Der Künstlercompagnie wird die verdiente Anerkennung zuteil: das Goldene Verdienstkreuz des Allerhöchsten Kaiserhauses. Erst 26 Jahre ist Klimt alt, aber schon hat er sich mit sicherer Hand seinen gebührenden Platz unter den Wiener Malern erkämpft. Anno 1890 packt die Familie ihr Hab und Gut und zieht in jene Wohnung, in der Klimt bis an sein Lebensende wohnen wird. Die Adresse ist Westbahnstraße 36/III im VII. Wiener Gemeindebezirk.

Abb. 24: *Junges Mädchen mit Horus* als Symbolfigur für die *Ägyptische Kunst (I)*, 1890/91. Öl auf Stukkaturgips. Kunsthistorisches Museum, Wien.

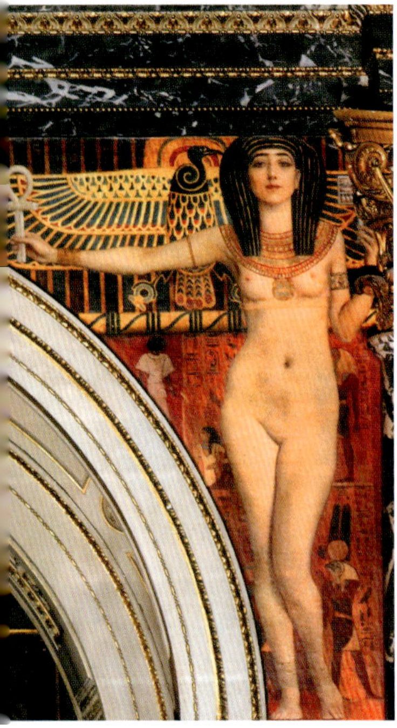

Arbeiten für das Kunsthistorische Museum

Die Herren Klimt und Matsch gehören nunmehr zu den ausgezeichneten Meistern der Wiener Ringstraße, schon halten sie manche für die legitimen Erben Hans Makarts. So werden sie denn auch damit betraut, die nicht fertiggestellten Dekorationen des Treppenhauses im Wiener Kunsthistorischen Museum zu Ende zu führen, insgesamt vierzig Zwickel- und Interkolumnenbilder. Dreizehn dieser Bilder besorgt der 28jährige Gustav Klimt. Während das große Deckenfresko dem vielbeschäftigten Mihály von Munkácsy (1844–1900) vorbehalten ist, arbeitet Klimt intensiv an den Gemälden im Treppenhaus, wo er einen regelrechten Gang durch die Kunstgeschichte unternimmt, vom alten Ägypten bis zur Renaissance. Auch dieses Werk gelingt, die Wiener ziehen den Hut und gleich im Folgejahr liegen die Bilder im Druck vor. Selbst der Monarch versagt seine Anerkennung nicht, und es ist nur recht und billig, wenn die gefeierte Ateliergemeinschaft 1891 in die Gesellschaft der bildenden Künstler Wiens aufgenommen wird, die sogenannte Künstlerhausgenossenschaft. Bis zur Kunstkommission des Unterrichtsministeriums hat sich der Erfolg der drei Männer herumgesprochen, dort erwägen die Verantwortlichen, die Ateliergemeinschaft mit der Ausgestaltung der Wiener Universitätsaula zu betrauen.

Das Atelier in der Josefstädterstrasse

Anno 1892 beziehen die drei Künstler ein Atelier inmitten des verwilderten Gartens eines 1709 erbauten Hauses in der Josefstädterstraße Nr. 21. Bald nützt es Klimt allein. Hier werden bis 1914 viele seiner unvergänglichen Werke entstehen. „Dieser Atelierraum war sehr schlicht, die Bilder auf den Staffeleien bildeten eigentlich den einzigen Schmuck. Getreue Freunde hatten gefunden, daß diese Werkstatt für den Meister denn doch zu ärmlich aussah: als er einmal auf ein paar Tage verreist war, fand er bei der Rückkehr eine

Abb. 25: Das Atelier in der Josefstädterstraße mit Klimt im Reformkleid. Fotografie von Moriz Nähr, 1911.

Abb. 26: Blick aus Klimts Atelier in den Garten und auf das Haupthaus. Fotografie von Moriz Nähr, 1911.

Abb. 27: Der Vorraum zu Klimts Atelier in der Josefstädterstraße mit Möbeln von Josef Hoffmann. Im Kästchen in der Raummitte bewahrte Klimt seine Farben auf. Fotografie von Moriz Nähr, 1911.

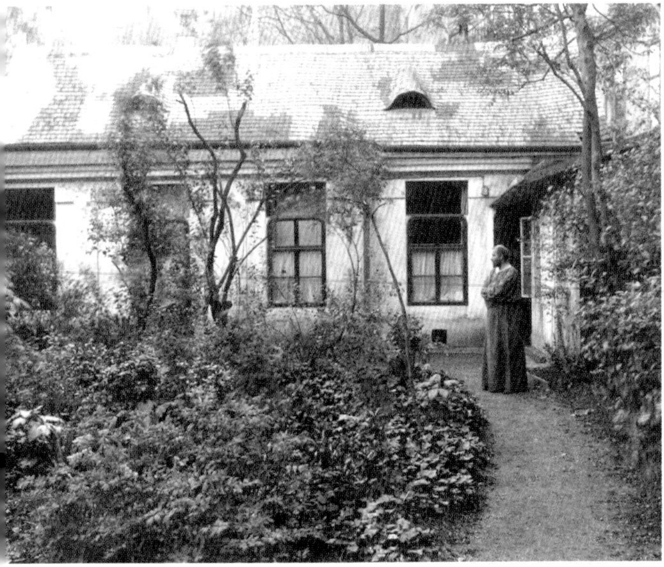

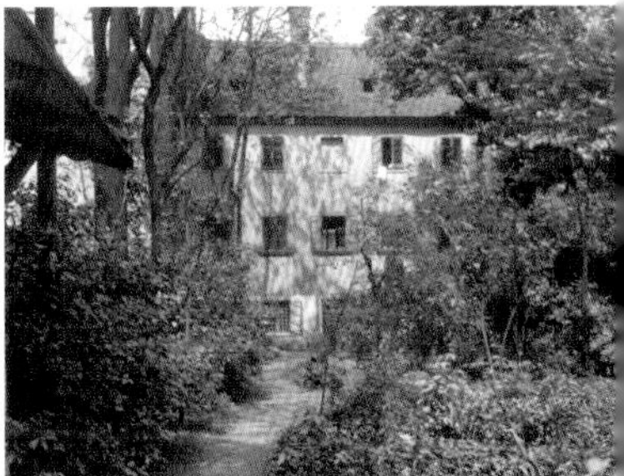

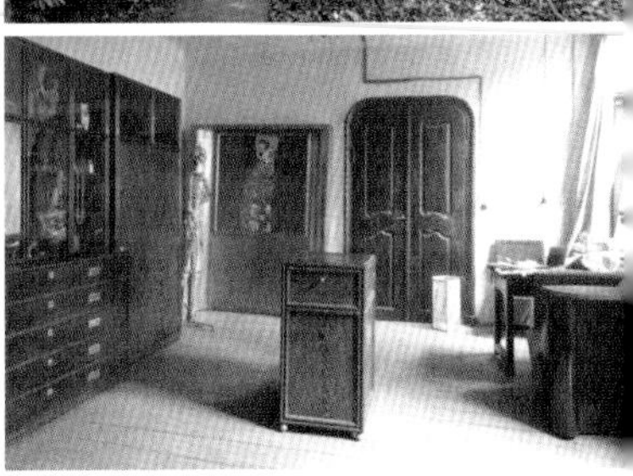

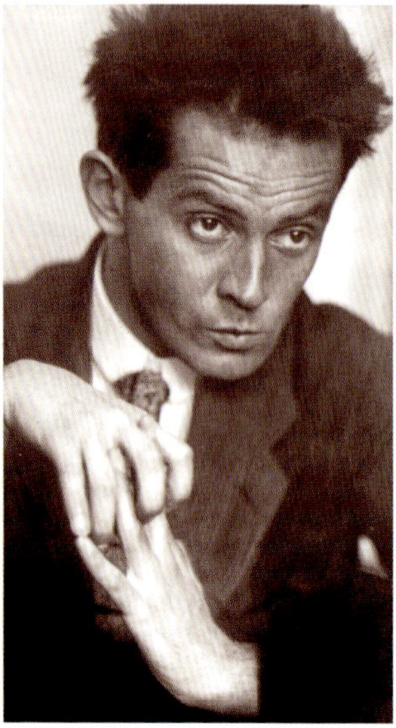

Abb. 28: Portait Egon Schieles (1890–1918). Von Schiele, der Klimt eines Tages besuchte, stammt eine Beschreibung des Ateliers in der Josefstädterstraße: „Es war in der Josefstädterstrasse 21, in einem Garten – einem der alten, verborgenen Gärten, an denen gerade die Josefstadt noch so reich ist –, wo am Ende, von hohen Bäumen umschattet, ein niedriges mehrfenstriges Häuschen stand. Zwischen Blumen und Efeu ging man hin. Durch eine verglaste Tür kam man zuerst in einen Vorraum, wo aufgespannte Leinwandrahmen und sonstiges Malmaterial aufgestapelt waren, und daneben schlossen sich drei weitere Arbeitsräume an. Am Fußboden lagen Hunderte von Handzeichnungen umher. Klimt trug stets einen blauen, bis an die Fersen reichenden, großfaltigen Kittel. So kam er ihnen entgegen, wenn an die Glastür Besucher und Modelle klopften.“[6]

vollständige Einrichtung von schwarzen Möbeln, die sie für ihn nach Entwürfen von Kolo Moser hatten herstellen lassen.

Aber vor diesem so einfachen Hinterhaus lag ein kleiner Garten, in dessen Geviert er seine Lieblingsblumen als Modelle sorgsam zog. Sechs, acht und mehr Katzen trieben sich darin herum, und da er sich von keinem dieser ihm so lieben Tiere trennen konnte, so mußte man von Zeit zu Zeit immer heimlich einige vertilgen, denn die sich rasch vermehrende Schar hatte schon allerhand Schaden an seinen Zeichnungen angerichtet.

In dieser Umgebung arbeitete Klimt den ganzen Tag bis zum Einbruch der Dämmerung. [...] Ein paar Äpfel waren dabei seine einzige Nahrung, und in den Modellpausen griff er zu zwei Keulen, die dieser athletische Mann kunstgerecht zu schwingen wußte, oder übte sich im Garten im Diskuswerfen; für diesen Sport hatte er eine besondere Vorliebe.“[5]

Das Jahr 1892 wird zu einer Zäsur in Klimts Leben, es ist das Jahr, in dem sein Vater einem Hirnschlag erliegt. Damit nicht genug: Noch im Dezember desselben Jahres muß Klimt hinter dem Sarg seines geliebten Bruders hergehen. Vermächtnis der nur 15 Monate währenden Ehe Ernst Klimts mit Helene Flöge (1871–1936) ist das kleine Töchterlein Helene, für das Klimt nun zu sorgen hat. Das unfertige Staffeleibild seines Bruders *Hanswurst auf der Stegreifbühne zu Rothenburg*, eine Kopie des entsprechenden Deckengemäldes im Burgtheater, führt Gustav Klimt zu Ende. Einer der Zuseherinnen im Bildzentrum verleiht er die Züge Emilie Flöges, der Schwester der Witwe. Bis zu seinem Tod wird sie Klimt als Lebensgefährtin zur Seite stehen.

In trüber Stimmung reist Klimt zum Jahreswechsel nach dem Esterházy-Schloß in Totis (Tata Tóváros) im ungarischen Komitat Komorn-Gran. Der Fürst hat sich von Klimt ein Gemälde für den Zuschauerraum des

Abb. 29: *Emilie*, 1891. Öl auf Leinwand. Privatbesitz. Dieses Bildnis der Siebzehnjährigen ist das erste von vier Portraits, die Klimt von Emilie Flöge malte.

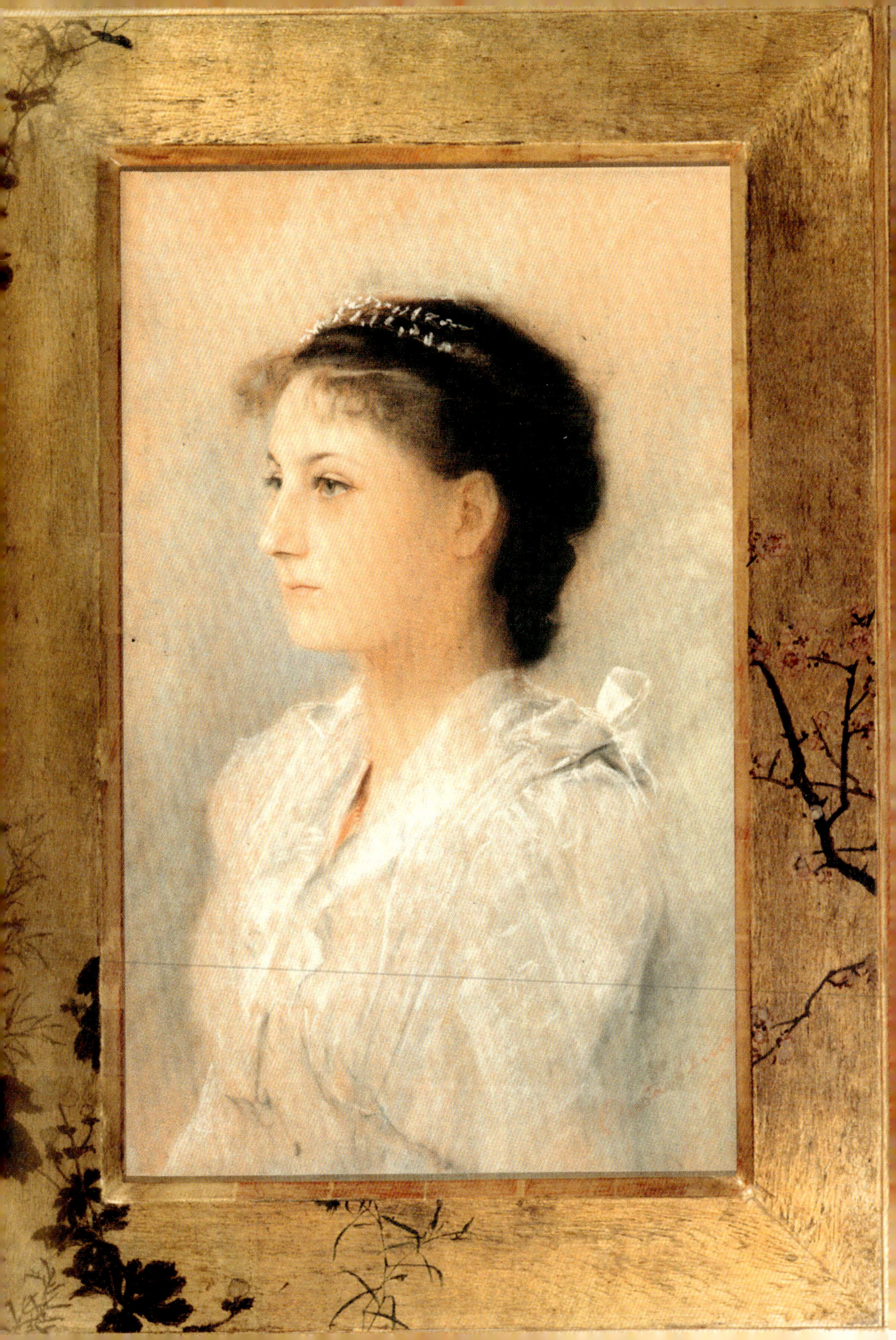

Schloßtheaters erbeten. Trotz der familiären Trauer reißt die Erfolgsserie nicht ab: Für das heute verschollene Bild *Zuschauerraum des Theaters im Schloß Esterházy in Totis* wird der junge Kunstmaler mit der silbernen Staatsmedaille ausgezeichnet sowie mit einem Ehrendiplom der Weltausstellung in Antwerpen. So angesehen ist

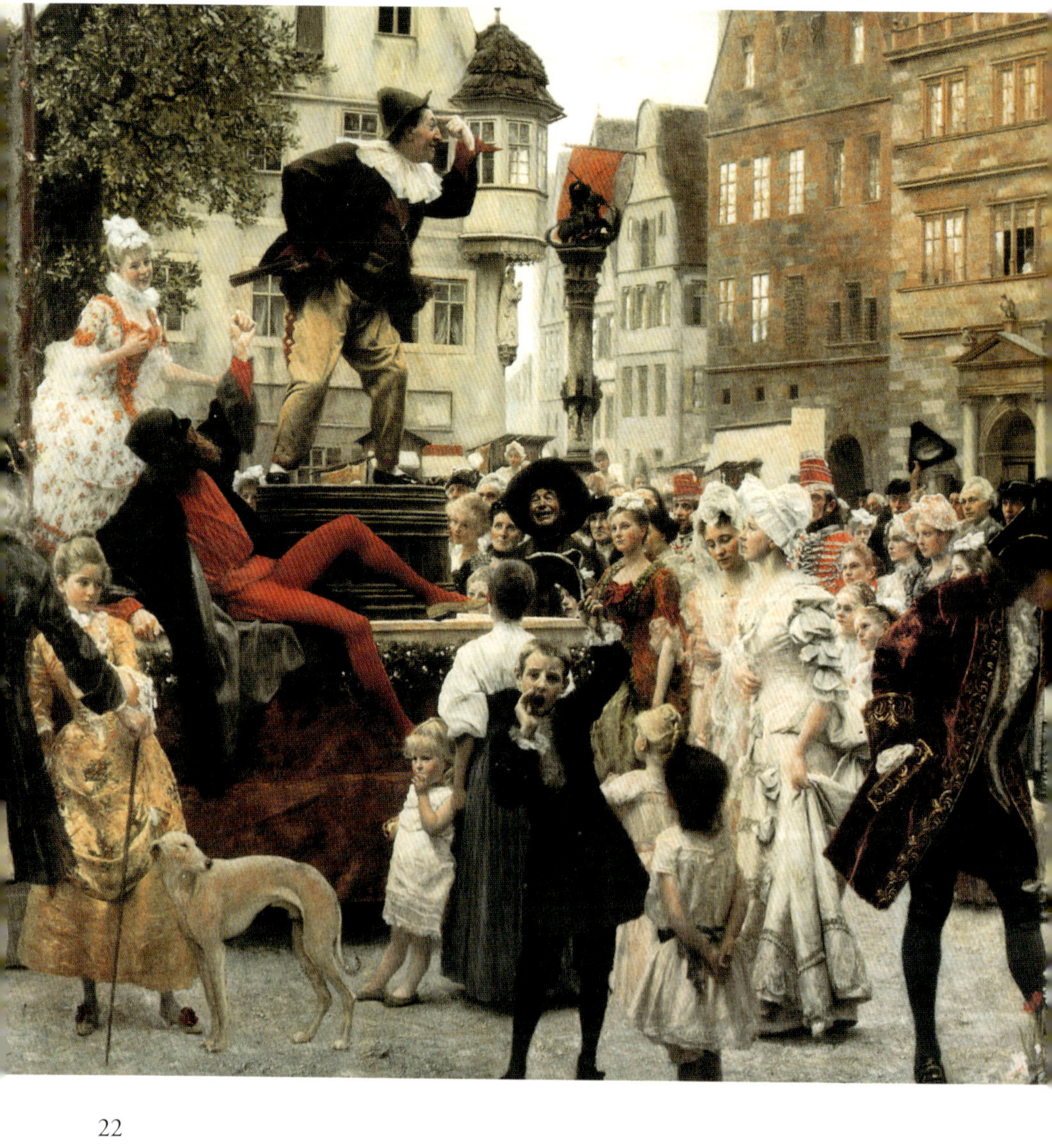

Klimt mittlerweile als Meister stilisierender und dekorativer Malerei auch bei den gestrengen Akademikern, daß er an der Wiener Akademie der Bildenden Künste zum Professor einer Meisterklasse für Historienmalerei vorgeschlagen wird. Zur Verwunderung der Professoren gibt der Kaiser einem anderen den Vorzug.

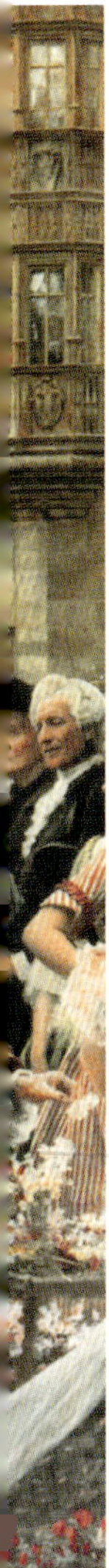

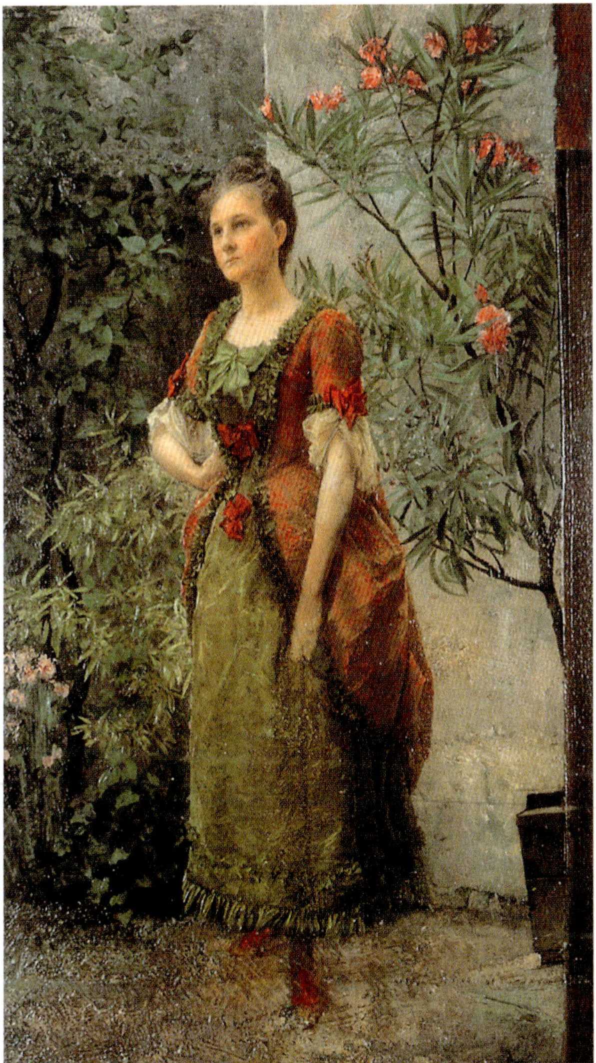

Abb. 30: Ernst und Gustav Klimt: *Hanswurst auf der Stegreifbühne zu Rothenburg*, 1893/94. Öl auf Leinen. Privatbesitz.
Das Bild ist eine Paraphrase auf das gleichnamige Deckenbild über der Feststiege des Burgtheaters von Ernst Klimt. Auch dieses Ölbild stellt Gustav Klimt nach dem Tode des Bruders fertig. Schwester Hermine berichtet von den damit verbundenen Schwierigkeiten: „So oft er anfangen wollte, zu malen, konnte er nicht und war schon ganz verzweifelt. Wenn er nach Hause kam, sagte er ‚Ich kann's nicht fertig machen!'. Endlich, mit vielen Überwindungen, gelang es ihm doch".

Abb. 31: *Bildnis der Emilie Flöge* als Vorlage für das Staffeleibild *Hanswurst auf der Stegreifbühne zu Rothenburg*, um 1893. Öl auf Karton. Privatbesitz.

Anno 1892 wendet sich die Artistische Kommission des akademischen Senats der Wiener Universität mit der Bitte an Franz Matsch, die Künstlercompagnie möge Entwürfe für die Decke der Aula einreichen. Matsch versucht es zunächst im Alleingang, doch im November 1893 weist der Senat seine Entwürfe zurück. Jetzt erfährt auch Klimt von dem 60.000 Gulden schweren Großauftrag: Ein zentrales Deckenbild *Der Sieg des Lichtes über die Finsternis* soll eine Huldigung an die Aufklärung sein, und für die vier seitlichen Bilder sind Allegorien der klassischen Fakultäten geplant, die Philosophie, Jurisprudenz, Medizin und Theologie. Am 4. September 1894 ergeht der Auftrag an die Compagnie.

Abb. 32: *Philosophie*, 1900–1907. Öl auf Leinwand. Deckenpanneau für den Festsaal der Universität Wien, verbrannt 1945 auf Schloß Immendorf. Mit dem avantgardistischen Fakultätsbild entfacht Klimt einen Sturm der Entrüstung.

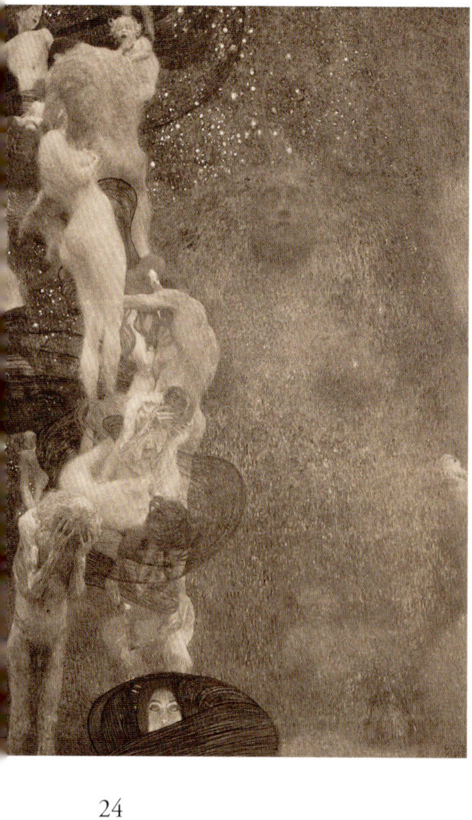

Das Zentralbild und die *Theologie* übernimmt Matsch, Klimt soll die allegorischen Deckenbilder *Philosophie*, *Medizin* und *Jurisprudenz* malen, dazu zehn Zwickelbilder für die einzelnen Fakultäten. Die Bilder sollen 1898 übergeben werden.

Im Künstlerbund der drei erfolgsverwöhnten Schulkollegen ist nicht alles eitel Wonne. Trotz beachtlichen Ansehens haben sich die Bande zwischen den Männern gelockert, erst nach dem Tod von Ernst vollzieht sich die Auflösung des Bundes. Von Entwicklungen in verschiedene Richtungen ist die Rede, und von Reibereien zwischen Gustav Klimt und Franz Matsch, dem als Schriftführer und Ältestem seit jeher eine Führungsrolle zugekommen ist. Die näheren Umstände der Entzweiung liegen im Dunkeln, dürften aber im Zusammenhang mit den Entwürfen für die Fakultätsbilder stehen.

Der bei Hof gut angeschriebene Franz Matsch wird 1892 auserwählt, für das Stiegenhaus von Kaiserin Elisabeths Achilleion auf der Insel Korfu ein monumentales Wandbild des triumphierenden Achilles zu malen. Während der Arbeiten am Burgtheater hat er sich mit der berühmten Schauspielerin Charlotte Wolter (1834–1897) angefreundet, deren Konterfei er ins Burgtheaterbild *Griechisches Theater* einarbeitet. Die schöne Mimin kann nicht nur lukrative Aufträge in der höheren Wiener Gesellschaft vermitteln, sondern stellt ihm auch ein Atelier im Gartentrakt ihres Hietzinger Anwesens zur Verfügung.

So geht Matsch denn zunehmend eigene Wege als Porträtist der gehobenen Wiener Kreise. Als er die Tochter des Sektfabrikanten Kattus ehelicht, ist er endgültig allen finanziellen Sorgen enthoben. Den gesellschaftlichen Aufstieg besiegelt 1912 die Erhebung in den erblichen Adelsstand. Trotz dieses glänzenden Lebensweges fällt Matschs Name heute meist nur im Zusammenhang mit Gustav Klimt. Als eines seiner bekanntesten Werke gilt die berühmte Kunstuhr der Versicherungsgesellschaft Der Anker am Hohen Markt, ein Glanzstück des Wiener Jugendstils.

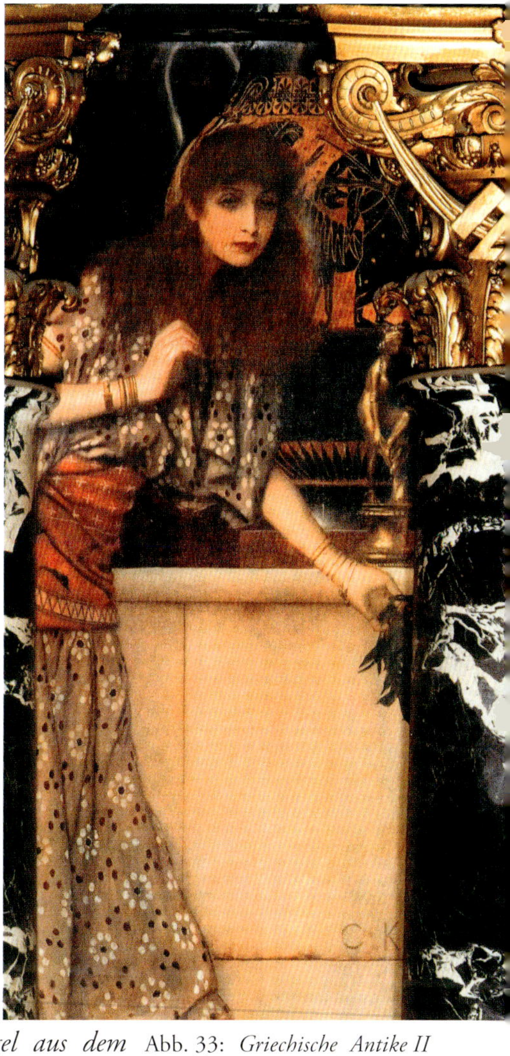

Abb. 33: *Griechische Antike II (Mädchen aus Tanagra)*, 1890/91. Öl auf Stukkaturgips. Interkolumnienbild im Treppenhaus des Kunsthistorischen Museums, Wien.

Auf zu neuen Ufern

Die Gemälde im Treppenhaus des Kunsthistorischen Museums markieren den Höhepunkt der akademischen Phase Klimts, wiewohl der merkwürdig moderne *Engel aus dem Trecento* im Zwickelbild zur italienischen Renaissance und auch das zur Seite hin verschobene, in ein zeitgenössisches Reformkleid gehüllte *Mädchen aus Tanagra* im Interkolumnienbild zur Antike den Stilwandel bereits erahnen läßt. Diesen Stilwandel betreiben etwa die in der Hagengesellschaft organisierten Akademiestudenten, oder Kolo Moser (1868–1918) und Josef

Hoffmann (1870–1956) im Café Sperl, wo sich der Siebenerclub zusammengefunden hat. Einer der „Siebener“, der aus Troppau stammende Architekt Joseph Maria Olbrich, wird in wenigen Jahren der jungen, von der konservativen Wiener Ästhetik wegstrebenden Erneuerungsbewegung ein eigenes Ausstellungsgebäude errichten, den Tempel der Secession, direkt im Zentrum der Metropole. Ins Fahrwasser dieser Kunstrebellen gerät nun auch Klimt.

Daß er in Wien längst kein Unbekannter mehr ist, hebt ihn von den jungen Rebellen ab, die mehrheitlich am Anfang ihres Weges stehen. Nur einer ist noch älter, noch bekannter – der Wiener Maler Rudolf von Alt (1812–1905), der sich mit junggebliebenem Herzen den schwärmerischen Jünglingen zugesellt und von ihnen begeistert aufgenommen wird.

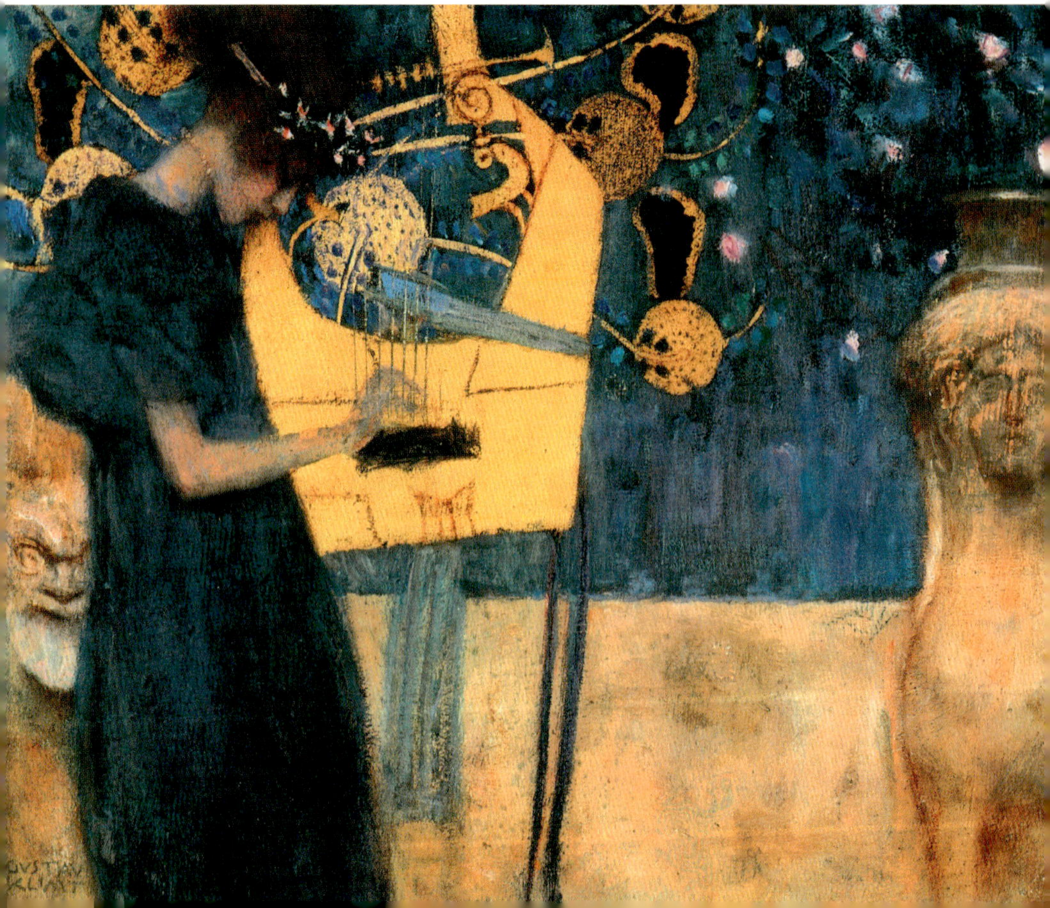

Abb. 34: *Die Musik I*, 1895. Öl auf Leinwand. Studie für eine Supraporte im Musikzimmer des Palais Dumba (Parkring 4, Wien). Neue Pinakothek, München. Die Töne strömen als stilisierte Löwenzahnblüten aus der Lyra.

Der Wandel in den ästhetischen Auffassungen hat viel gemein mit einer Revolte gegen die Generation der allmächtigen Väter. Zwar haben die Vertreter eines konsequenten historistischen und naturalistischen Malstils mit Makart ihre Leitfigur verloren, doch um so entrüsteter reagieren die Konservativen auf die zaghaften ästhetischen Neuerungen, die da vom Ausland ins gutbürgerliche Wien hineinstrahlen. Die Saat der Jungen, unter ihnen Klimt, fällt auf fruchtbaren Boden, denn Wien ist überreif für Neues. Die Bewahrer verstaubter Schönheitsideale geraten ins Hintertreffen, verlieren ihren Einfluß auf die Kunstpolitik. Die aufständische Jugend dagegen berauscht sich an den frischen, ungebändigten Formen und Farben, und willig folgt das städtische Patriziat den Stürmern und Drängern nach. Längst ist das Wiener Bürgertum auch in Kunstfragen tonangebend, nimmt selbstbewußt seinen Platz neben Kaiserhaus und Aristokratie ein.

Klimt interessiert der politische und ästhetische Gehalt dieser Kunstrevolution wenig. Er sucht nach neuen Ausdrucksmitteln, staunt über die Ideen der französischen Impressionisten, der Symbolisten und Präraffaeliten. Eine neue Bewegung ist im Entstehen, und Klimt, der kunstfertige Meister akademischer Dekorationsmalerei ist auserkoren, sie voranzutreiben. Die neue Ästhetik wird später Jugendstil heißen, nach der seit 1896 erscheinenden *Jugend* – einer illustrierten Wochenschrift für Kunst und Leben aus München. Da dieser neue Stil sich nicht in Einklang bringen läßt mit den Regeln althergebrachter Historienmalerei, sehen seine Jünger Abhilfe einzig in einer radikalen Abkehr vom muffigen Akademiegeist. „Secession" wird die Revolution von ihren Wiener Protagonisten genannt.

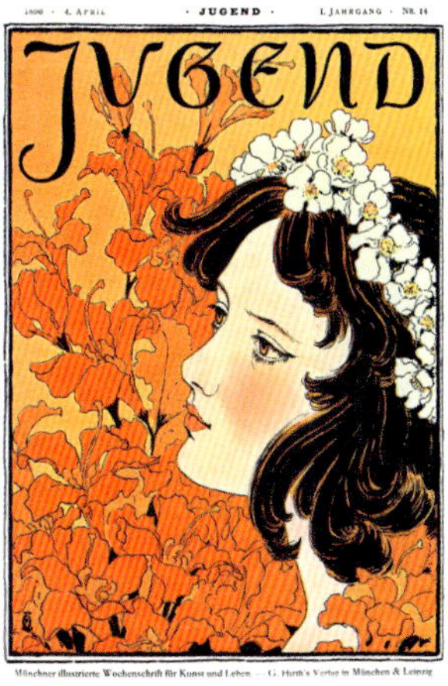

Abb. 35: Erstes Titelblatt der Münchner Zeitschrift *Jugend.*

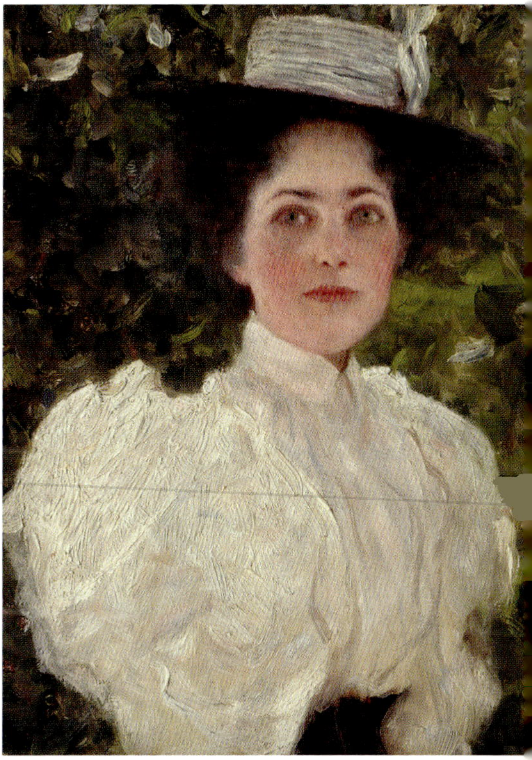

Abb. 36: *Mädchen im Grünen,* 1896. Öl auf Leinwand. Gustav Klimt Privatstiftung, Wien.

Die herrschenden Kräfte strecken die Waffen natürlich nicht kampflos. In Wien geht der Riß mitten durch die Künstlerhausgesellschaft, der ja auch Klimt angehört. Als ein konservativer Vertreter des akademischen Flügels zum neuen Präsidenten der arrivierten Vereinigung gewählt wird, ist Klimt unter jenen Mitgliedern, die eine Abspaltung der Progressiven verhindern. Erst als der neue Präsident bei der Besetzung der Posten die Jungen übergeht und ausschließlich akademische Kräfte zum Zug kommen läßt, gehen die Wogen hoch.

Es ist Frühling in Wien, der 3. April 1897, als sich die Rebellen zur Vereinigung bildender Künstler Österreichs

Abb. 37: Die Secessionisten bei der XIV. Ausstellung im April 1902. Gustav Klimt thront im Armstuhl, der Mann mit Hut vor ihm ist Kolo Moser. In der vorderen Reihe v. r. n. l. Carl Moll und Emil Orlik. Fotografie von Moriz Nähr.

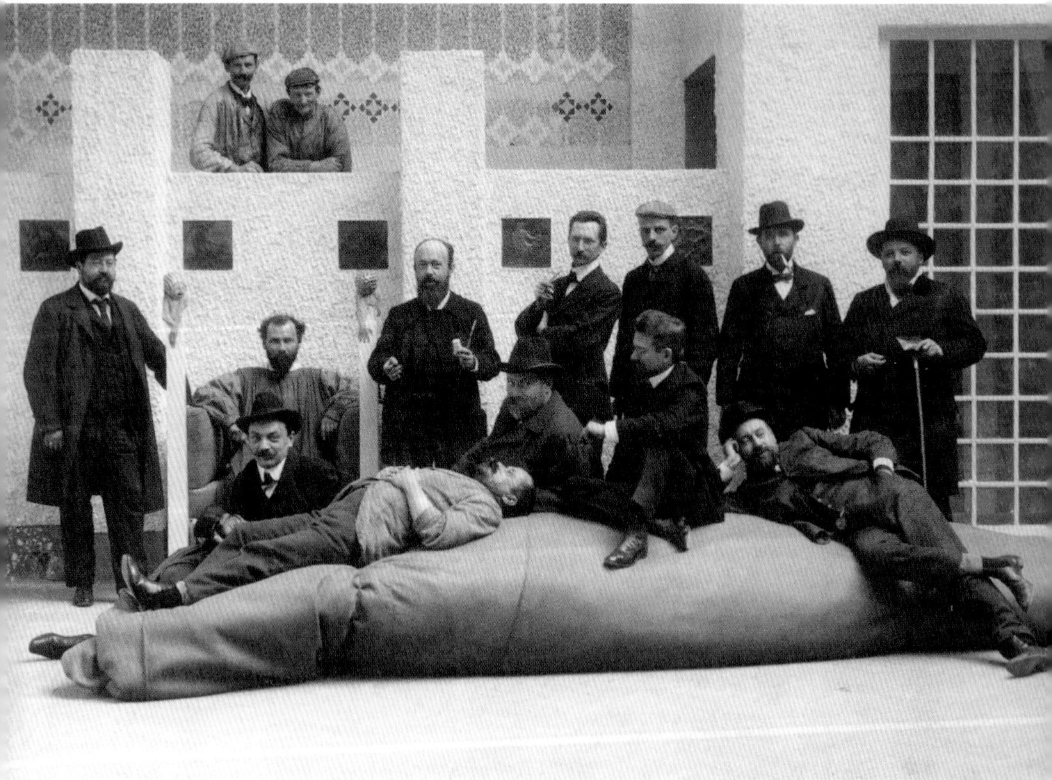

zusammenschließen und diese Tat den Redaktionen der Tagesblätter verkünden. Zum Ehrenpräsidenten des Bundes hat man Rudolf von Alt ernannt. Als Gründungsmitglieder werden bekannte Wiener Maler, Bildhauer und Architekten genannt, unter ihnen Josef Engelhart (1864–1941), Josef Hoffmann (1870–1956), Carl Moll (1861–1945) und Otto Wagner (1841–1918), und darüber hinaus angesehene Künstler aus Krakau, Lemberg, München und Paris. Aus Prag haben sich Vojtěch Hynais, Beneš Knüpfer, Luděk Marold, Josef Václav Myslbek, Maximilian Pirner und Friedrich Ohmann beigesellt. Man verweist auf namhafte korrespondierende Mitglieder aus dem Ausland, etwa Max Klinger aus Leipzig, Fritz Mackensen aus Worpswede oder Auguste Rodin aus Paris. Ein von Klimt unterzeichneter Brief verkündet dem leitenden Ausschuß des Künstlerhauses die Gründung der neuen Vereinigung. Vorerst verbleiben die Mitglieder in der Genossenschaft. Erst am 24. Mai 1897, als zwanzig Mitglieder korporativ die älteste Vereinigung der Wiener Maler, Bildhauer und Architekten verlassen, ist die Abspaltung vollzogen.

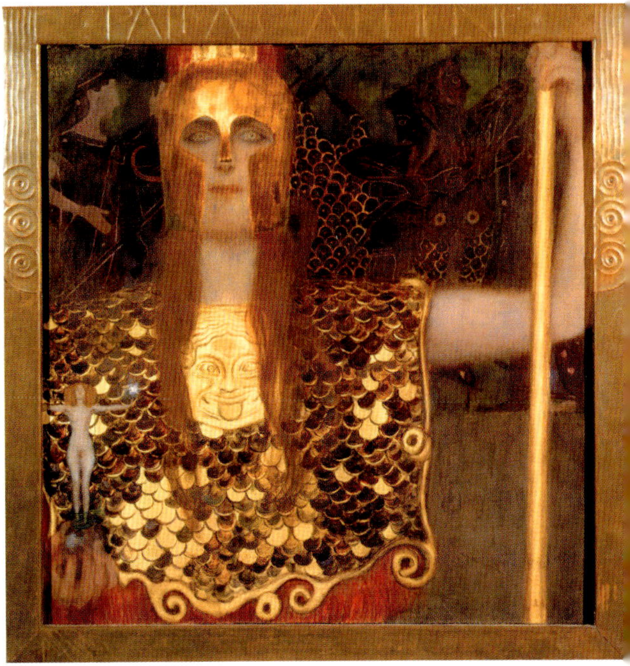

Abb. 38: *Pallas Athene*, 1898. Öl auf Leinwand. Wien Museum. Die griechische Göttin des Krieges und der Weisheit gilt auch als Schutzpatronin der Künste und des Handwerks. In ihrer Hand hält sie eine kleine Statuette der Siegesgöttin Nike. Klimts jüngerer Bruder Georg schuf den Rahmen für das Bild.

Der Wiener Erneuerungsbewegung ist schon 1892 die Gründung einer Secession durch Münchner Künstler unter Franz von Stuck (1863–1928) vorausgegangen, und im Folgejahr wird Max Liebermann (1847–1935) gleiches in Berlin tun. In Wien nimmt Klimt die führende Rolle ein, mit Bildern wie dem berühmten *Portrait der Sonja Knips*, das den Durchbruch Klimts zu künstlerischer Reife und Vollendung markiert. Als Präsident der Wiener Secession, ein Amt, das er bis

Abb. 39: *Sonja Knips*, 1898. Öl auf Leinwand. Österreichische Galerie, Wien. Die Tochter eines k. k. Brigadiers und Gemahlin eines wohlhabenden Industriellen ist Kundin in Emilie Flöges Modesalon. So laufen die Fäden zu Gustav Klimt. Seit dem Burgtheaterbild schätzt die gehobene Wiener Gesellschaft Klimt als Porträtisten. Der läßt sich solche Auftragsarbeiten reichlich entlohnen.

Abb. 40: *Bewegtes Wasser*, 1898. Öl auf Leinwand. Privatbesitz. Mit dieser Traumsequenz aus weich strömendem Wasser, langen Gliedern und fließendem Haar huldigt Klimt einer erotischen Kunst, die die traditionelle Ästhetik weit hinter sich läßt. Derzeitiger Ausstellungsort: Galerie St. Etienne, New York.

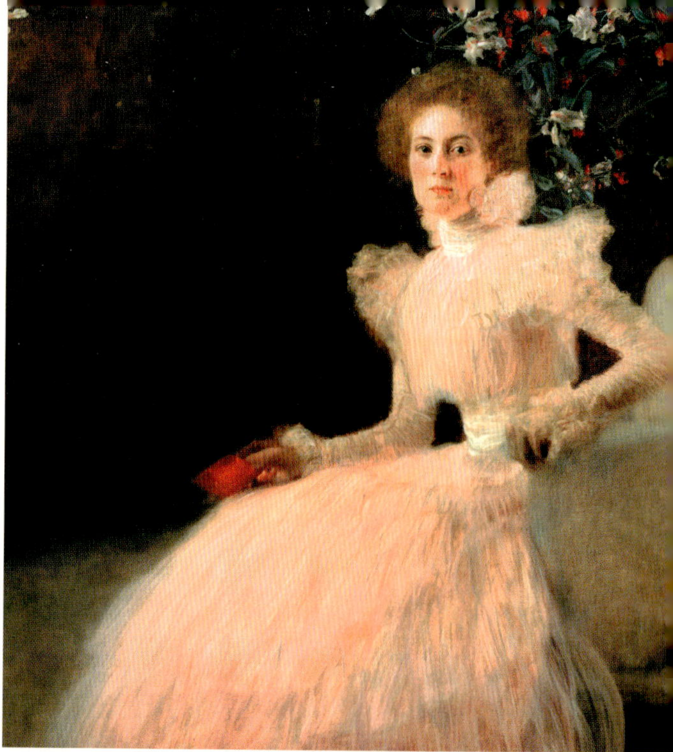

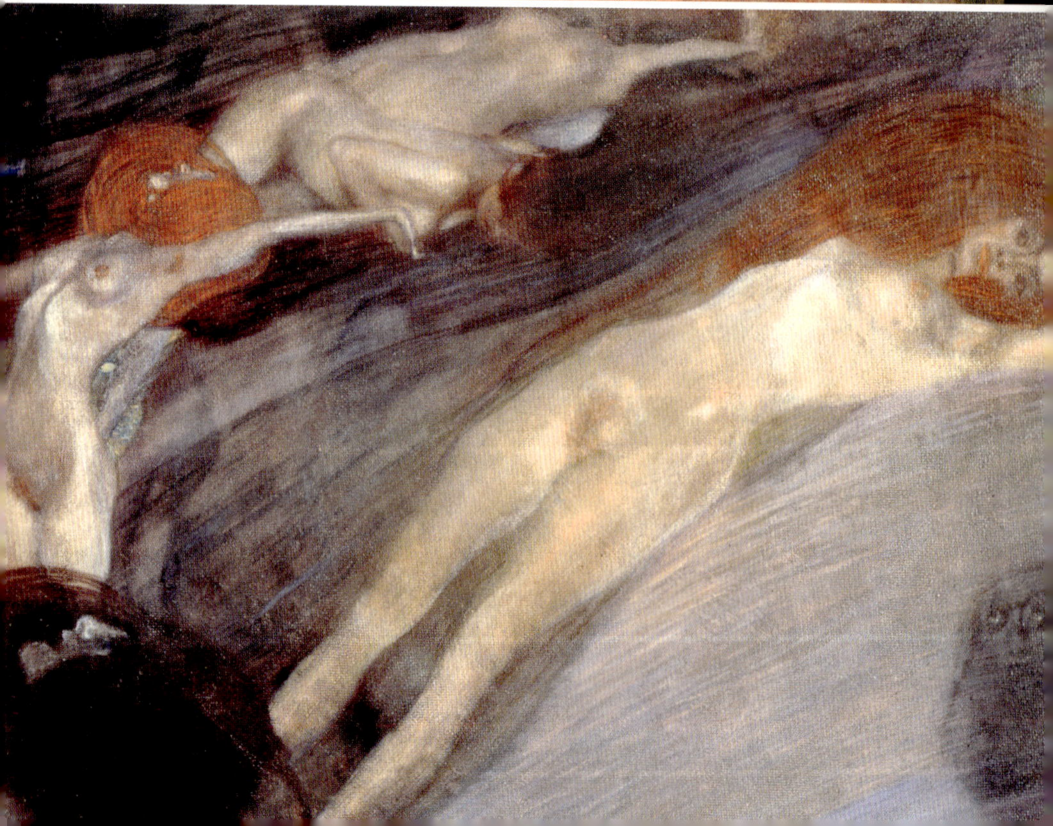

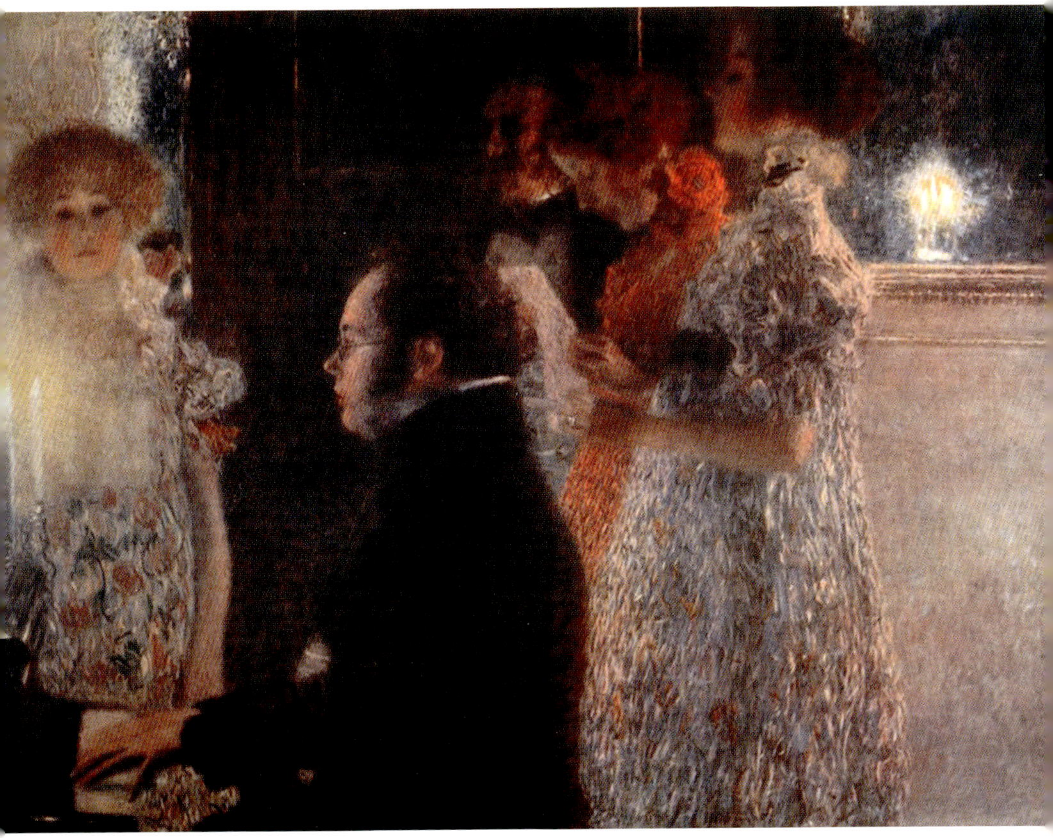

Mai 1899 bekleidet, ist der Wortkarge nicht mehr solitärer Bahnbrecher und still schaffender Maler allein, sondern Wortführer einer künstlerischen Erneuerungsbewegung. Die jungen Sezessionisten verehren ihren Anführer, hoffen, daß er sie aus der Enge akademischer Gängelung hinausführe in lichte Höhen freien Schaffens. So werden Klimt und die Secession für sieben Jahre zum Synonym.

In diesen sieben Jahren wächst der *Jugendstil* zur dominierenden Stilrichtung der österreichischen *Belle Époque*, zur offiziellen Kunstform, der auch das Kaiserhaus seine Zustimmung nicht versagt. Noch hundert Jahre später haben die Versatzstücke dieses Frühlings nichts von ihrem Reiz eingebüßt.

Abb. 41: *Schubert am Klavier*, 1899. Öl auf Leinwand. Supraportenbild für das Palais Dumba in Wien. Im Jahr 1945 auf Schloß Immendorf verbrannt. Klimt liebte die Musik Schuberts. In der für das Musikzimmer gedachten „Schubertiade“ lauschen junge Mädchen andächtig den Klängen des Meisters.

VER SACRUM

Am 21. Juni 1897 beschließt die Generalversammlung der Secession die Herausgabe einer Kunstzeitschrift mit dem programmatischen Namen VER SACRUM, „Heiliger Frühling". Man nimmt Bezug auf die altrömische Gepflogenheit der Frühlingsspende: „[...] und wenn die im heiligen Frühling Geborenen herangewachsen waren, dann zog die jugendliche Schar, selbst ein heiliger Frühling, hinaus aus der alten Heimstätte in die Fremde, ein neues Gemeinwesen zu gründen aus eigener Kraft, mit eigenen Zielen."[7] Im enthusiastischen Redaktionskomitee sitzt auch Gustav Klimt, der für das Organ zahlreiche graphische Blätter und Illustrationen beisteuern wird.

Abb. 42: Umschlag von Alfred Roller für das erste Heft von VER SACRUM (Januar 1898).

Abb. 43: *Fischblut*, 1898. Tusche auf Papier. Privatbesitz. Illustration für VER SACRUM.

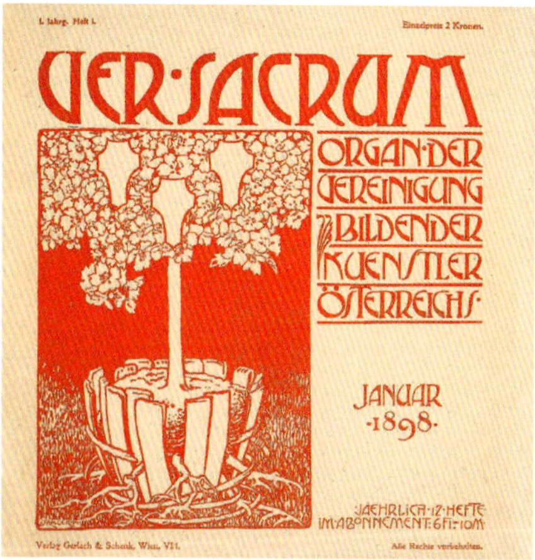

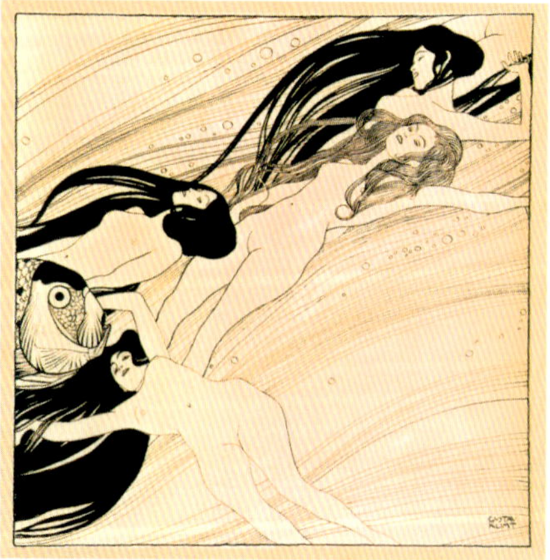

Sechs Jahre lang wird die Monatszeitschrift erscheinen, in den ersten beiden Jahren im Wiener Verlag Gerlach und Schenk. Heute erzielen einzelne Exemplare dieser Jugendstilzeitschrift auf dem Antiquariatsmarkt stolze Liebhaberpreise.

Nicht nur für bildende Künstler ist VER SACRUM gedacht, sondern auch für Literaten. Beiträge schicken Rainer Maria Rilke, Peter Altenberg, Richard Schaukal, Knut Hamsun, Ferdinand von Saar, Hugo von Hofmannsthal, Richard Dehmel, Arno Holz und viele weitere Dichter. Zum literarischen Beirat des Organs wird Hermann Bahr berufen, der sich von Anfang an als wichtiger Förderer der Wiener Secessionisten versteht und der Kunstbewegung immer wieder geistige Schützenhilfe leistet. Mit der ersten Ausgabe des VER SACRUM nimmt eine herzliche Freundschaft zwischen Klimt und Bahr ihren Anfang.

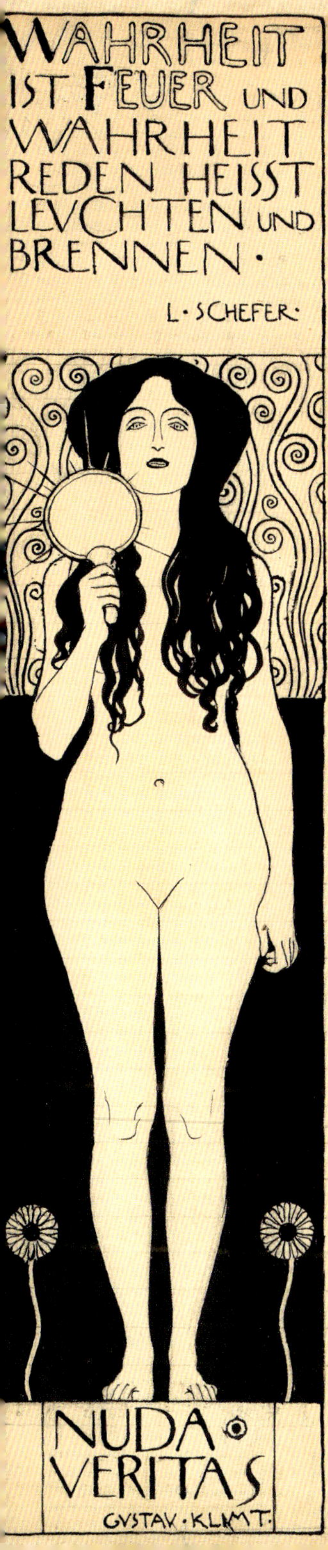

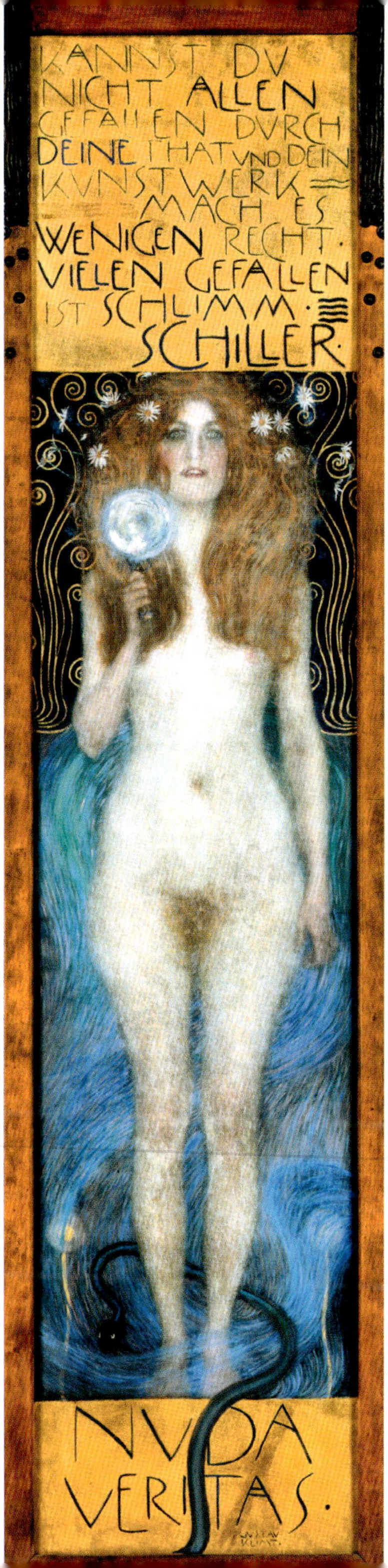

Abb. 44: NUDA VERITAS, 1898. Schwarze Kreide, Bleistift, Feder und Pinsel in Tusche. Wien Museum. Buchillustration für das dritte Heft von VER SACRUM. Die Reinzeichnung steht unter dem Motto: WAHRHEIT IST FEUER UND WAHRHEIT REDEN HEISST LEUCHTEN UND BRENNEN.

Abb. 45: NUDA VERITAS, 1899. Öl auf Leinwand. Theatersammlung der Nationalbibliothek, Wien. Dem Betrachter wird hier der Spiegel der Wahrheit vorgehalten. Die Schlange läßt sich als Symbol der Falschheit oder der Sexualität interpretieren. In dieser vergrößerten Version der Nike aus dem Bild der *Pallas Athene* beruft sich Klimt klar auf Schiller: KANNST DU NICHT ALLEN GEFALLEN DURCH DEINE THAT UND DEIN KUNSTWERK – MACH ES WENIGEN RECHT. VIELEN GEFALLEN IST SCHLIMM.

Ausstellungen in der Secession

Eine erste Ausstellung, zu der auch Arnold Böcklin, Alfons Mucha, Fernand Khnopff und Auguste Rodin Bilder schicken, lockt vom März bis Juni 1898 die neugierigen Wiener in die von Olbrich und Hoffmann umgestalteten Räumlichkeiten der Wiener Gartenbaugesellschaft am Parkring 12. Eine Delegation spricht beim Kaiser vor, um seine Majestät persönlich zu dem Ereignis zu laden. Zur Verblüffung Franz Josephs I. führt der greise 86jährige Rudolf von Alt die Jungen an: „Ich bin zwar wirklich schon alt, Majestät, aber ich fühle mich noch jung genug, um immer wieder von vorne anzufangen.“[8] Ein guter Schachzug, denn mit dem Erscheinen des Kaisers wird der Bewegung die offizielle Anerkennung zuteil. Der Erfolg der Schau übertrifft alle Erwartungen: Annähernd 57.000 Besucher kommen, die 534 Objekte zu beschauen, 218 Kunstwerke werden verkauft.

Ab April wird an einem eigenen Gebäude für die Secession gebaut. Der Troppauer Joseph Maria Olbrich (1867–1908), der 1899 nach Darmstadt gehen wird,

Abb. 46: Der Kaiser besucht die Ausstellung der Secessionisten. V. l. n. r.: Kaiser Franz Joseph, Gustav Klimt als erster Präsident, Rudolf von Alt, Josef Engelhart, Carl Moll und weitere.

Abb. 47: Das von Architekt Joseph Maria Olbrich 1897/98 errichtete Secessionsgebäude.

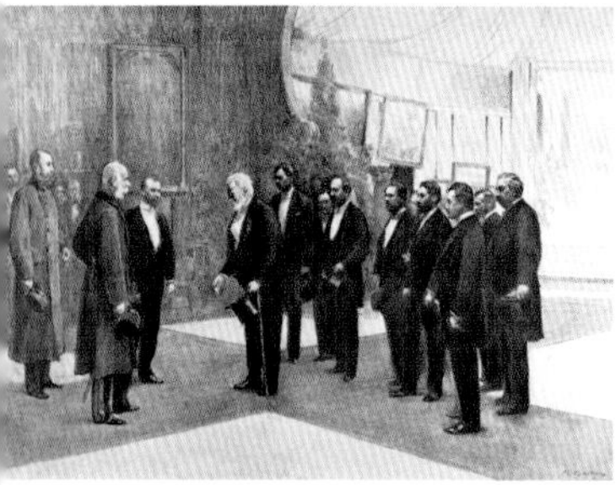

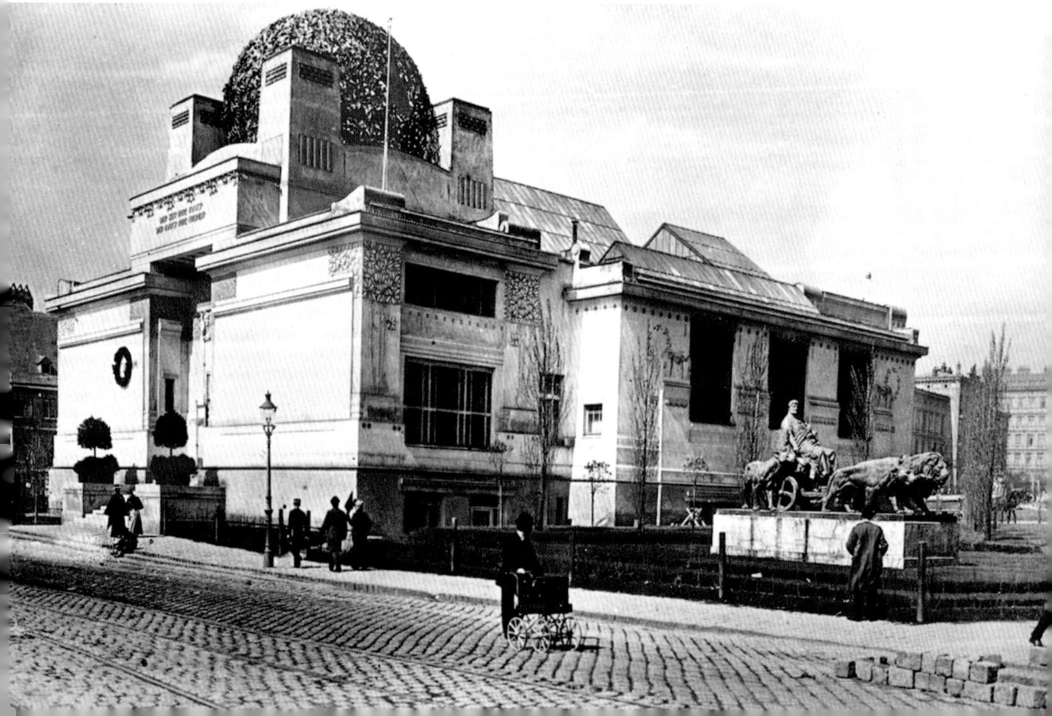

hat es entworfen. Es ist nicht leicht, einen Bauplatz zu finden, und auch das Grundstück unweit des Naschmarktes wird im November 1897 zunächst nur vorübergehend genehmigt. In sechsmonatiger Bauzeit wächst das von einer goldenen Kuppel aus 3000 Blättern und 700 Beeren bekrönte weiße Haus an der Wien, und noch reißen die Passanten ihre Witze über das neuartige Gebäude. Richtungsweisend sind die verschiebbaren Wände, die neue Raumkompositionen je nach Bedarf ermöglichen.

Am 12. November 1898 kann es mit der zweiten Ausstellung der Secession eröffnet werden, unter den Bildern auch zahlreiche Werke Klimts. Über dem Portal prangt das von Ludwig Hevesi vorgeschlagene Motto: „Der Zeit ihre Kunst, der Kunst ihre Freiheit.“

Es ist wohl keine Übertreibung zu behaupten, daß die 22 Ausstellungen, die zwischen 1897 und 1905 ausgerichtet werden, Wien zu einer der ersten Kunstmetropolen des Kontinents machen. Das Wiener Publikum läßt die neuesten Werke des europäischen Kunstschaffens auf sich wirken, unter den Betrachtern auch er – Gustav Klimt.

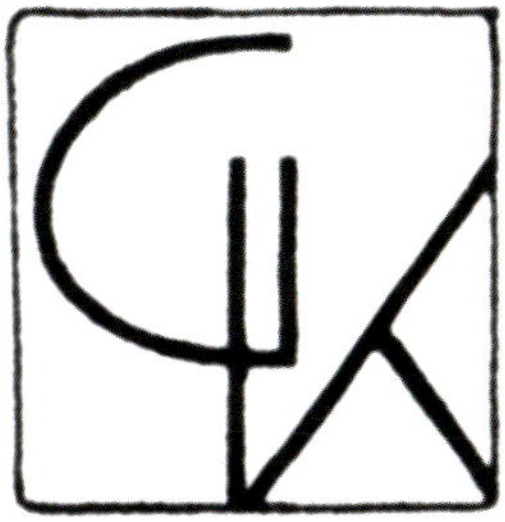

Abb. 48: Klimts Monogramm in einem Ausstellungskatalog der Secession.

Abb. 49: Die von Joseph Olbrich dekorierte Eingangshalle zur ersten Ausstellung.

Abb. 50: Die goldene Kuppel des Secessionsgebäudes an der Wien. Fotografie von Julius Silver.

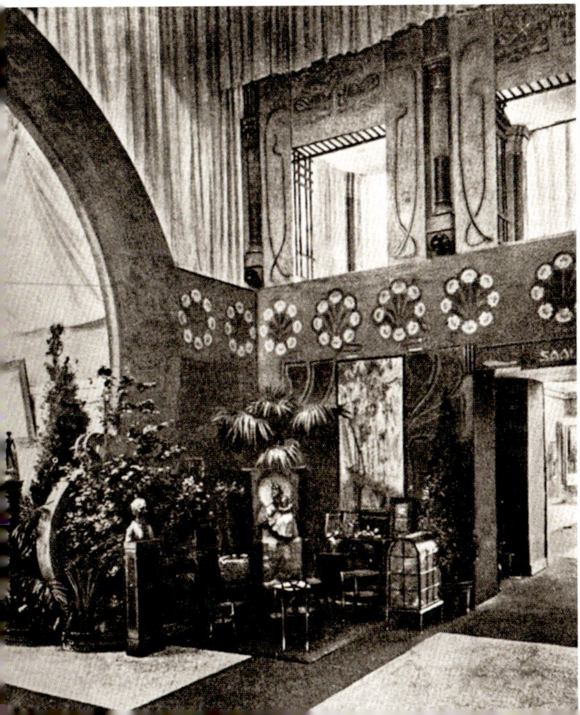

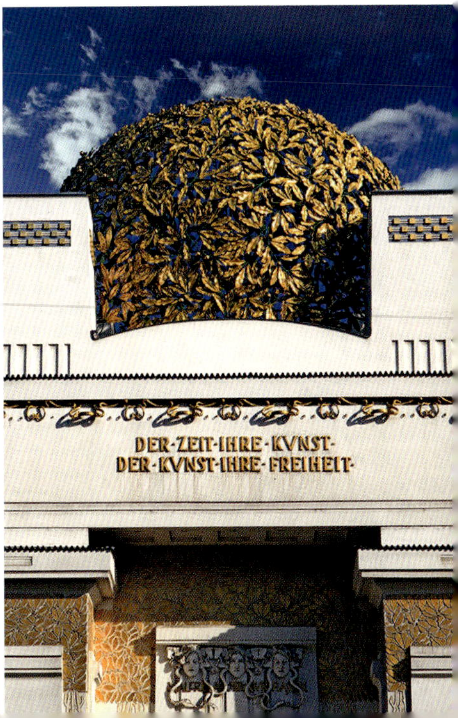

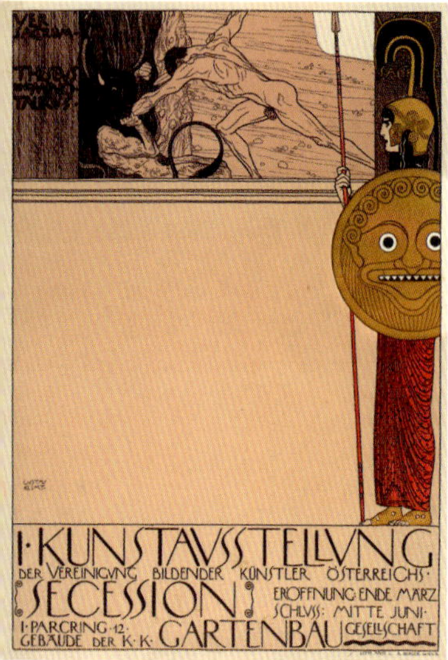

Abb. 51: *Theseus' Kampf mit dem Minotaurus*, 1898. Wien Museum. Lithographie für die I. Ausstellung der Secession (vor der Zensur). Das sichtbare Gemächt für das endgültige Plakat sieht sich Klimt gezwungen mit Baumstämmen nach Art von Aubrey Beardsley zu verdecken.

Abb. 52: *Hygieia* (Ausschnitt aus dem Fakultätsbild *Die Medizin*), 1900–1907. Reproduktion des 1945 verbrannten Originals. Ludwig Hevesi: „... so ist hier ergänzend ein wärmerer, von rosigen Tönen bis zu hell schmetterndem Purpur angeschlagen. An den menschlichen Leibern spielt sich die ganze Symphonie des Fleischtons aus, mit ihren feinsten Abschattierungen, in Gegensätzen und Reflexen ohne Ende."

Der Skandal um die Fakultätsbilder

Man darf es nicht zu bunt treiben: Klimts Plakat für die erste Ausstellung der Secession *Theseus im Kampf gegen Minotaurus unter dem Schutz von Pallas Athene* ruft die Zensur auf den Plan. Sie nötigt den Maler, das „sittenwidrige" Plakat zu überarbeiten und das Geschlecht des nackten Theseus mit Baumstämmen zu verdecken. Bekommt Klimt da die Quittung für seine Versündigung am akademischen Gedanken? Und es droht weiteres Ungemach: Am 26. Mai 1898 werden auf der gemeinsamen Sitzung der Kunstkommission des Unterrichtsministeriums mit der Artistischen Kommission der Universität die Entwürfe Klimts für die Fakultätsbilder scharf kritisiert, während gegen die Bilder von Franz Matsch keinerlei Einwände erhoben werden. Bei *Jurisprudenz* und *Philosophie* beanstanden die Verantwortlichen die Form, bei *Medizin* wünschen sie sich eine weniger zu Widerspruch und obszönen Scherzen einladende Darstellung der weiblichen Figur in der Mitte, die ja die leidende Menschheit darstellt. Klimts mystisch gesättigtes Verständnis steht im schroffen Gegensatz zum Glauben an Fortschritt und Wissenschaft, wie er sich im 19. Jahrhundert die Bahn gebrochen hat. Die Auftraggeber sehen in Klimts Bildern nicht Allegorien der Fakultäten, sondern diffuse Visionen, die noch dazu gänzlich von Matsch's Schöpfungen abweichen. Man belehrt Klimt und auferlegt ihm, die Entwürfe mit Matschens Mittelbild und der *Theologie* abzustimmen. Im ersten Affekt will Klimt den Auftrag niederlegen, kann aber dann doch zum Weitermachen bewegt werden. Auch zu Änderungen erklärt er sich bereit.

Bei der VIII. Ausstellung der Secession wird die *Philosophie* im Frühjahr 1900 in unvollendetem Zustand gezeigt. Der Kunsthistoriker Ludwig Hevesi spart nicht mit Lob. Aber die Situation ist aufgeheizt durch die sogenannte „Lex Heinze", ein deutsches Gesetz gegen Unsittlichkeit in der Kunst, das auch in Österreich für Unmut sorgt und die Künstler zu Protesten veranlaßt.

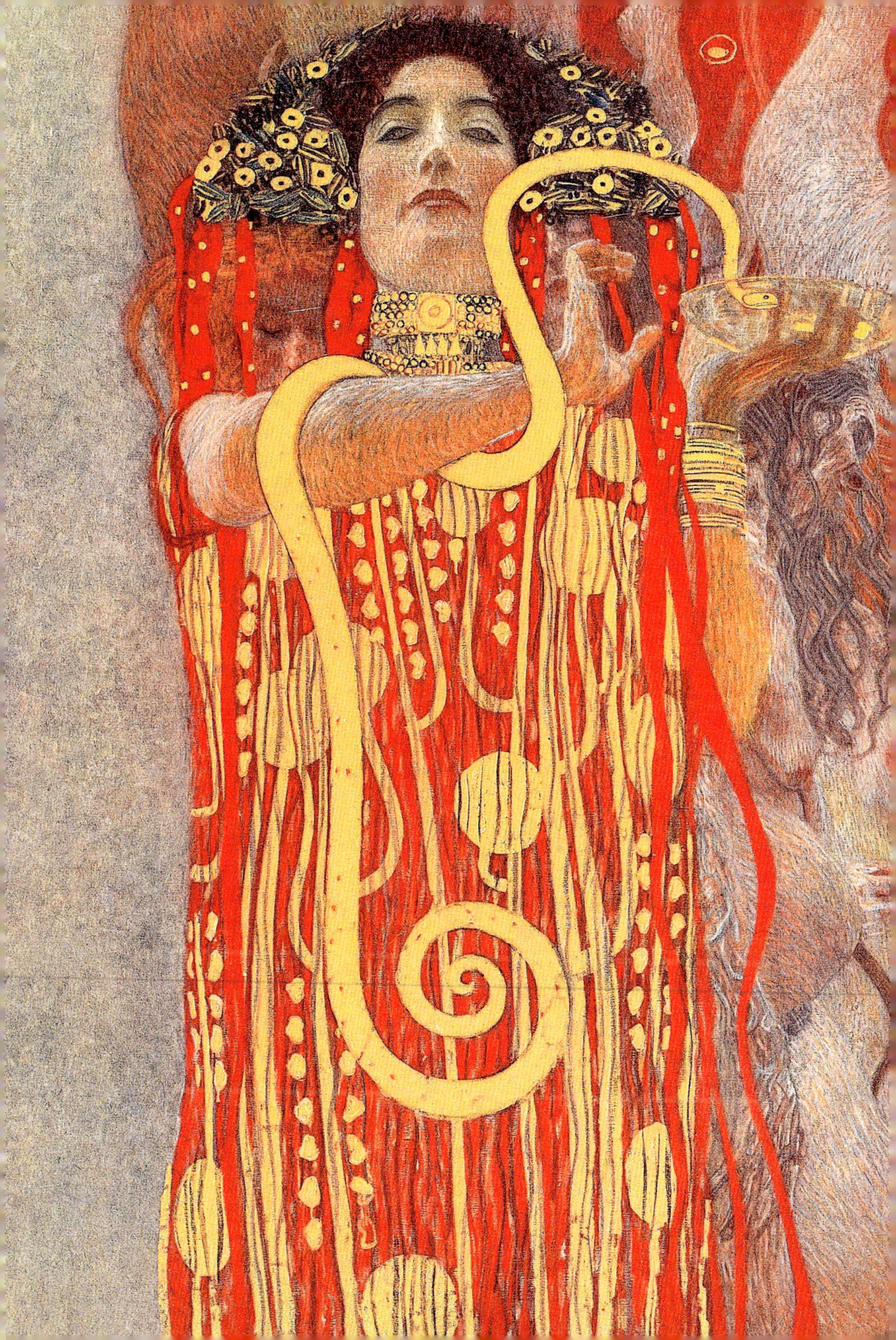

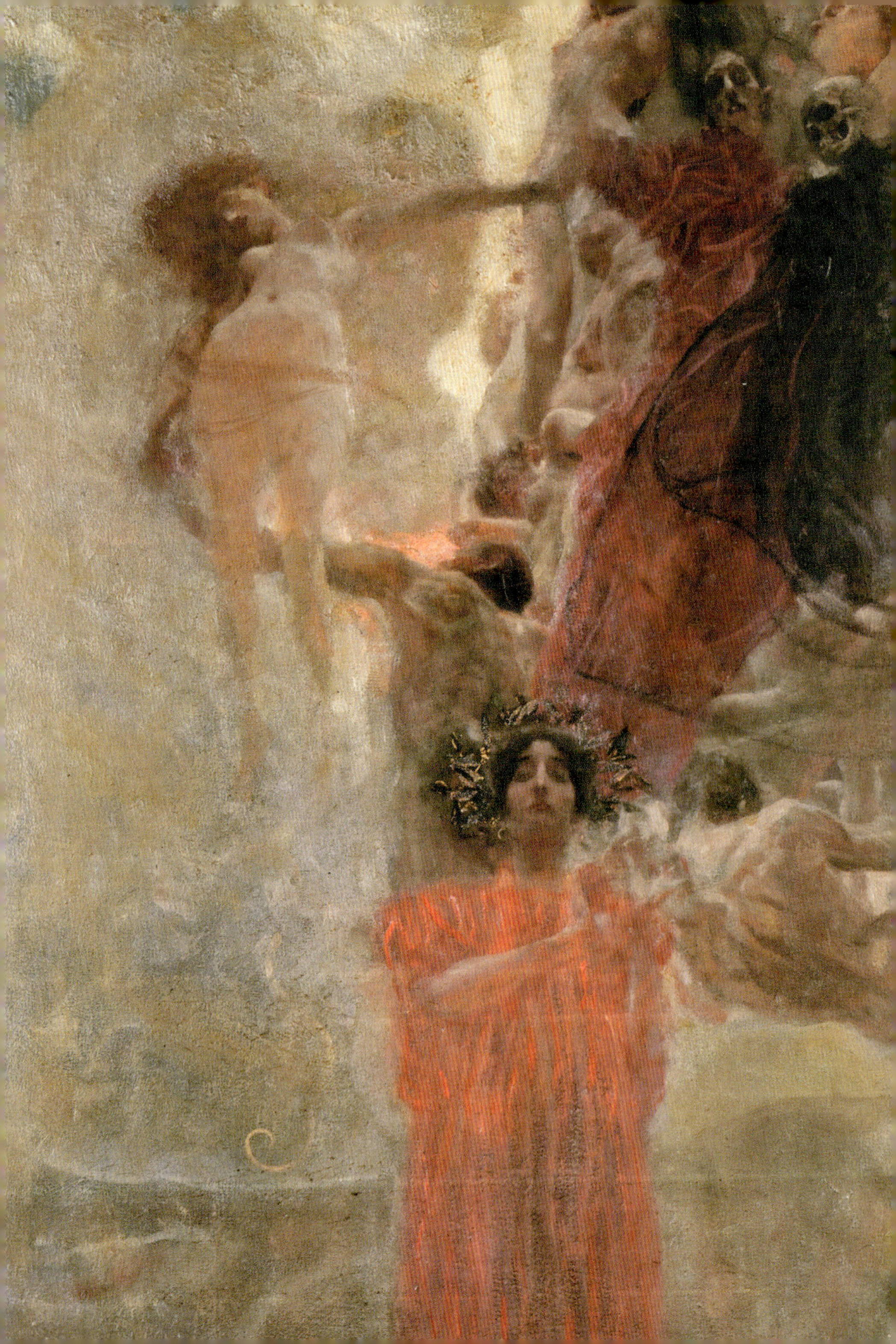

Was Klimt von all dem hält, läßt er am 22. März 1901 über die *Wiener Morgen-Zeitung* ausrichten: „Ich habe keine Zeit, mich persönlich in dieses Gezänke einzumengen. Es ist mir auch schon zu dumm, immer und immer wieder gegen dieselben starrköpfigen Leute aufzutreten – wenn ich ein Bild fertig hab', so will ich nicht noch Monate verlieren, es vor der ganzen Menge zu rechtfertigen. Für mich entscheidet nicht, wie vielen es gefällt, sondern wem es gefällt."

Schützenhilfe leistet der Dichter Hermann Bahr, der Klimt am 24. März mit einer *Rede auf Klimt* in der Concordia beisteht. Später wird er die gehässigsten gegen Klimt gerichteten Polemiken mit Kommentaren versehen und unter dem Titel *Gegen Klimt* veröffentlichen. Auch Felix Salten (1869–1945), der Wiener Dichter und Skandalschriftsteller, wird eine Lanze für den Meister brechen.

Klimt antwortet mit feiner Klinge: Bei der XIII. Ausstellung in der Secession ist das Bild *Goldfische* zu sehen. Klimt wollte das Bild ursprünglich „An meine Kritiker" nennen, doch die Freunde überreden ihn, eine solche Provokation zu unterlassen. Auch ohne Titel verstehen seine Gegner sofort: Eine nackte, rothaarige Najade streckt ihnen frivol das Gesäß von der Leinwand entgegen.

Der Skandal um Klimts Fakultätsbilder ist nicht ohne Brisanz und verhilft dem Maler zu ungeheurem Ruhm. Noch lange Jahre werden sich die Wiener an den Schlagabtausch um die Fakultätsbilder erinnern.

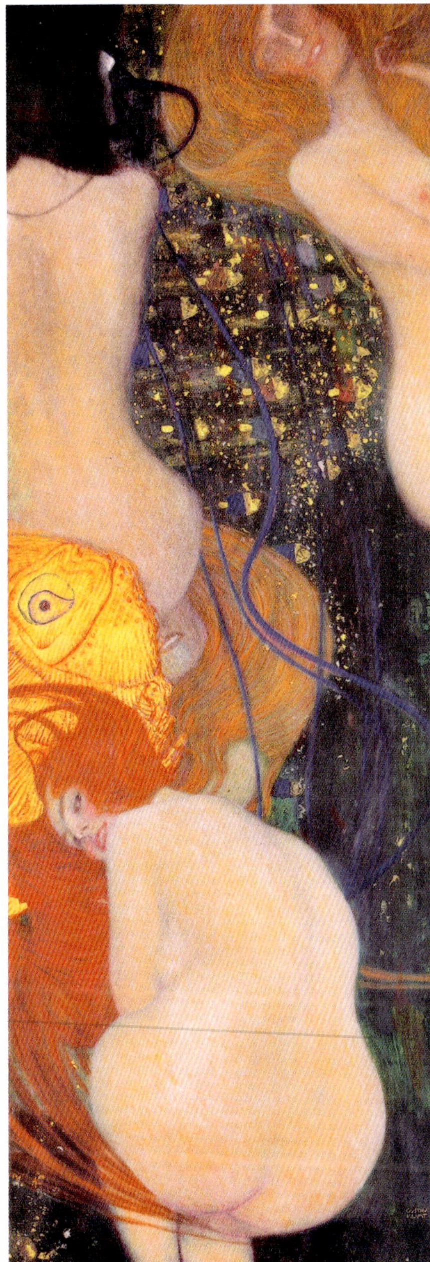

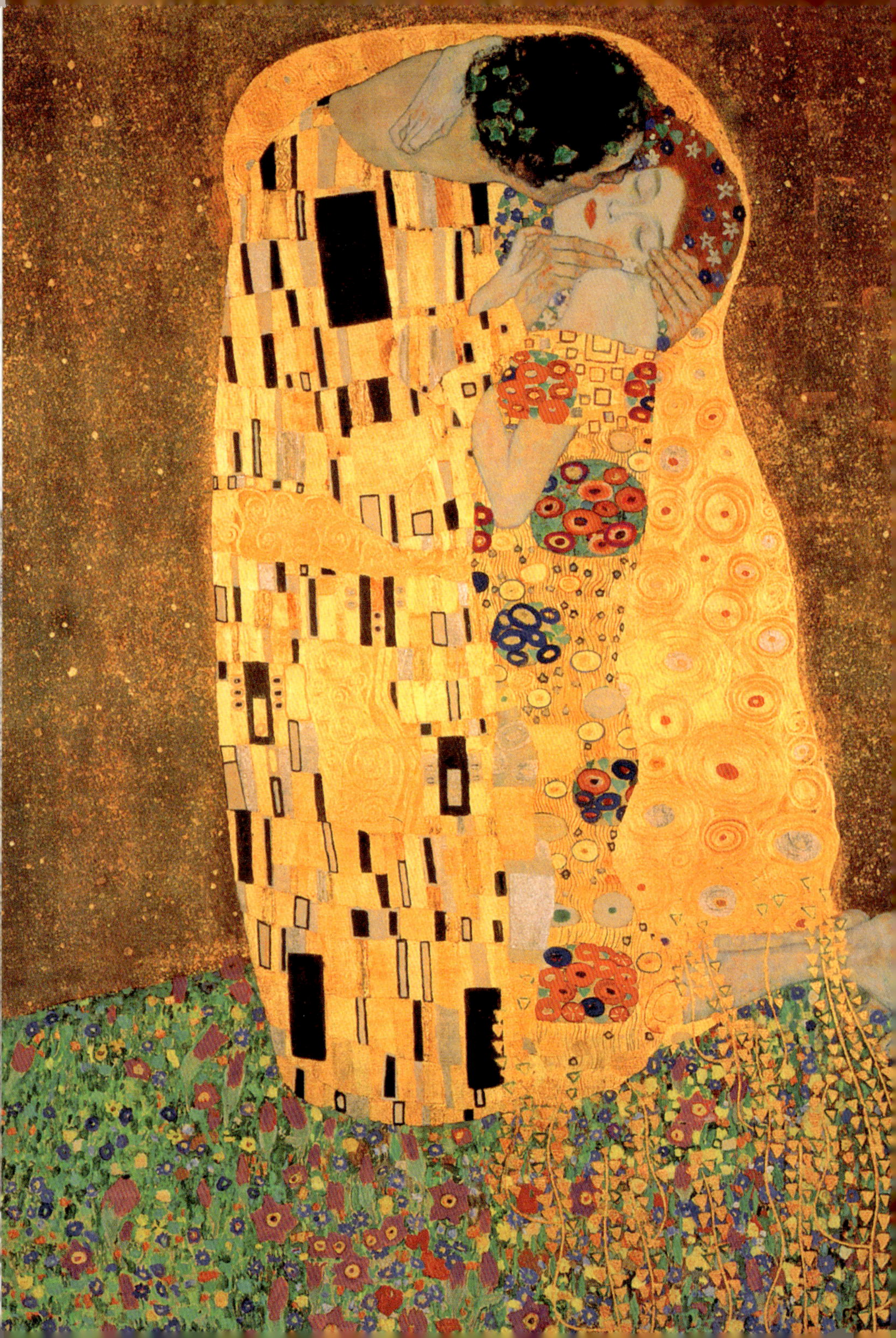

Was Klimt von all dem hält, läßt er am 22. März 1901 über die *Wiener Morgen-Zeitung* ausrichten: „Ich habe keine Zeit, mich persönlich in dieses Gezänke einzumengen. Es ist mir auch schon zu dumm, immer und immer wieder gegen dieselben starrköpfigen Leute aufzutreten – wenn ich ein Bild fertig hab', so will ich nicht noch Monate verlieren, es vor der ganzen Menge zu rechtfertigen. Für mich entscheidet nicht, wie vielen es gefällt, sondern wem es gefällt."

Schützenhilfe leistet der Dichter Hermann Bahr, der Klimt am 24. März mit einer *Rede auf Klimt* in der Concordia beisteht. Später wird er die gehässigsten gegen Klimt gerichteten Polemiken mit Kommentaren versehen und unter dem Titel *Gegen Klimt* veröffentlichen. Auch Felix Salten (1869–1945), der Wiener Dichter und Skandalschriftsteller, wird eine Lanze für den Meister brechen.

Klimt antwortet mit feiner Klinge: Bei der XIII. Ausstellung in der Secession ist das Bild *Goldfische* zu sehen. Klimt wollte das Bild ursprünglich „An meine Kritiker" nennen, doch die Freunde überreden ihn, eine solche Provokation zu unterlassen. Auch ohne Titel verstehen seine Gegner sofort: Eine nackte, rothaarige Najade streckt ihnen frivol das Gesäß von der Leinwand entgegen.

Der Skandal um Klimts Fakultätsbilder ist nicht ohne Brisanz und verhilft dem Maler zu ungeheurem Ruhm. Noch lange Jahre werden sich die Wiener an den Schlagabtausch um die Fakultätsbilder erinnern.

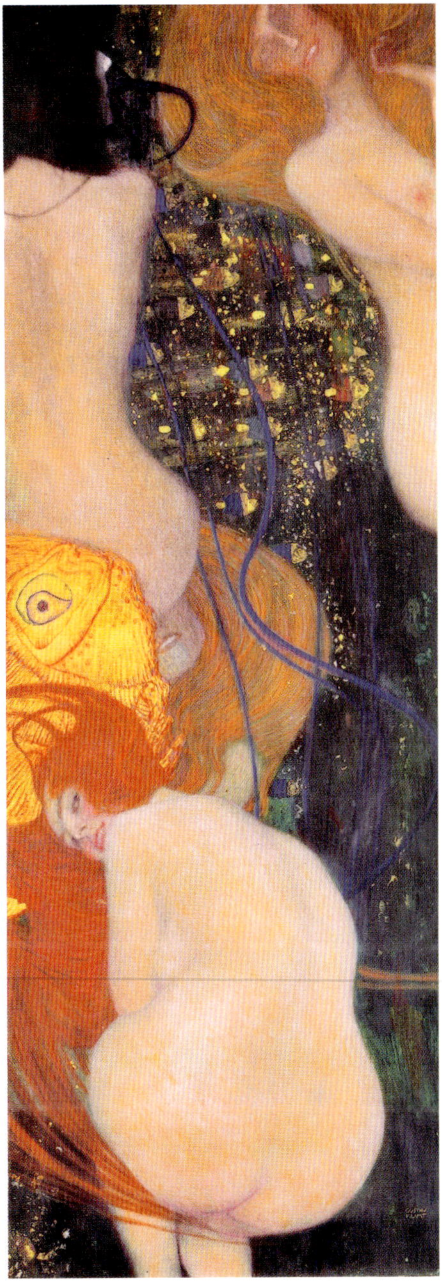

Der Beethovenfries

Abb. 57: *Die Sehnsucht nach dem Glück* aus dem *Beethovenfries* (Ausschnitt), 1902. Kaseinfarbe auf Stuckgrundierung, unterlegt mit einer Schicht aus Rohr. Halbedelsteineinlagen. Österreichische Galerie, Wien. Der mystische Tempelritter mit goldener Rüstung und einem silbernen Schwert nimmt den Kampf auf. Eine dunkelhaarige Schönheit krönt ihn mit dem Lorbeerkranz.

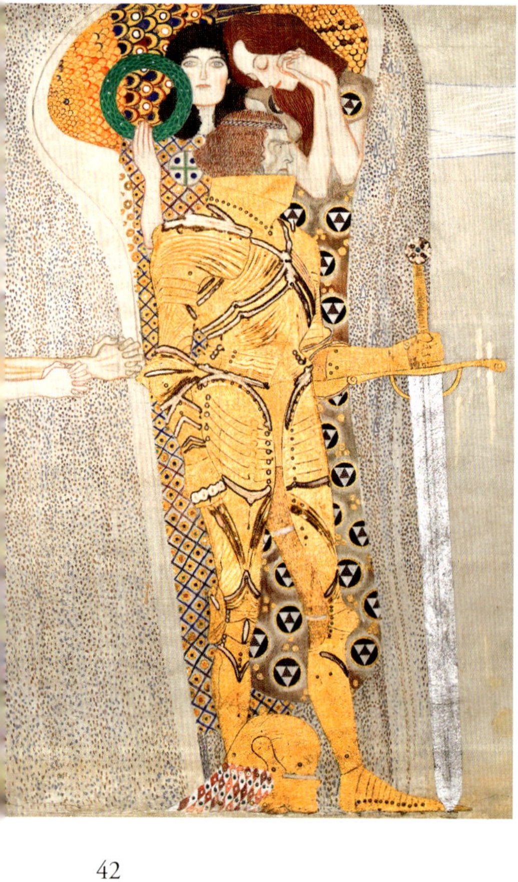

Während der Skandal um die Fakultätsbilder weiter schwelt, huldigt das fortschrittliche Wien bei der XIV. Ausstellung der Secession von April bis Juni 1902 dem kultisch verehrten Ludwig van Beethoven. Geplant ist ein noch nie dagewesenes Raumkunstprojekt. Neben der monumentalen Beethoven-Statue von Max Klinger ist es vor allem der *Beethovenfries* von Klimt, der auf drei Längswänden das Gesamtkunstwerk ausmacht. Die mit Gold, Halbedelsteineinlagen und Ornamenten gesättigte Huldigung an den Komponisten, bestehend aus Motiven wie *Die Leiden der schwachen Menschheit* oder *Die Sehnsucht nach Glück*, wird zu einem Hauptwerk Klimts, wiewohl es zunächst als temporäres Werk gedacht ist: brüchiger Putz auf einem vergänglichen Rohrgeflecht. Zu den prominenten Besuchern gehört der über Prag angereiste Auguste Rodin: Klimt und die Mitglieder der Secession führen den berühmten Gast zu einer Wiener Jause in den Prater. Der Kunstkritiker Hevesi erkennt den Wert des Frieses sofort, gleichzeitig erhebt sich aber ein Sturm der Empörung im Blätterwald. Robert Hirschfeld (1857–1914) etwa, der berühmte Musikpapst an der Donau, der nicht nur für alle wichtigen Zeitschriften und Magazine Wiens schreibt, sondern auch die *Frankfurter Allgemeine Zeitung* beschickt, findet die denkwürdigen Worte: „Klimt produzierte diesmal wieder eine Kunst, der nur drei Leute, ein Arzt und zwei Wärter, gerecht werden können."[9] Wieder sieht sich Klimt als Zankapfel der Medien, neben begeistertem Lob bedenken ihn Journalisten und Kritiker erneut mit heftigen Polemiken. In der Sitzung der

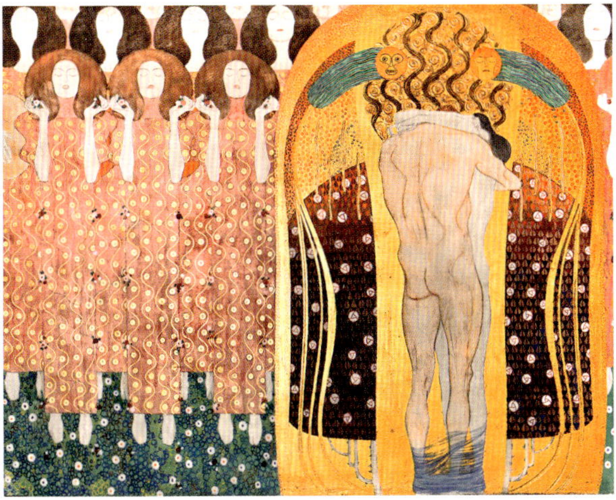

Abb. 58: *Diesen Kuß der ganzen Welt* aus dem *Beethovenfries* (Ausschnitt), 1902. Österreichische Galerie, Wien. Als Schlußakkord des *Beethovenfrieses* entspricht es dem Finale in Beethovens 9. Symphonie. Das an Rodins berühmte Skulptur erinnernde Bild soll die harmonische Vereinigung aller Künste symbolisieren.

Abb. 59: *Wasserschlangen I (Freundinnen)*, 1904–1907. Öl auf Leinwand. Österreichische Galerie, Wien.

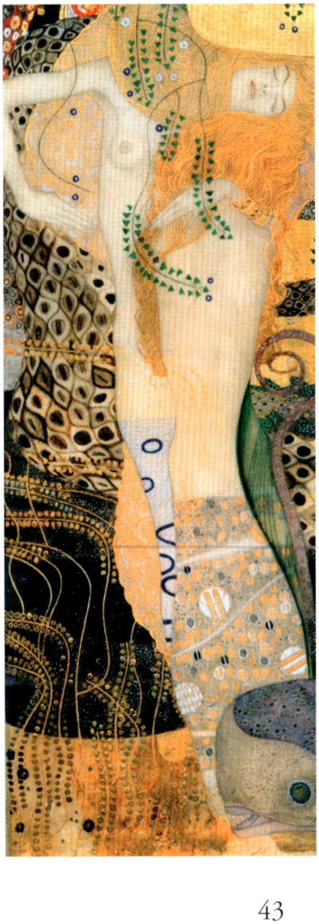

Budgetkommission des Herrenhauses wettert Graf Montecuccoli gegen die Secessionisten im Allgemeinen, und gegen Klimt und seinen *Beethovenfries* im Besonderen. Wie anders das Urteil Egon Schieles: „Die provisorischen Wandmalereien für die Beethovenausstellung sind nach meiner Empfindung der Höhepunkt."[10] Schiele wird darauf drängen, daß das vom steirischen Industriellen Carl Reininghaus (1857–1929) sichergestellte Monumentalwerk ins Eigentum der als sachverständig ausgewiesenen Sammlerfamilie Lederer kommt. Die Republik Österreich kauft die stark beschädigten Fragmente 1973 an und restauriert sie aufwendig. Nach langen Wirrungen wird der Fries schließlich auf Dauer in der Secession ausgestellt.

Ravenna und der Goldene Stil

Zwei Reisen nach Italien entheben Klimt 1903 aller Wiener Zwistigkeiten. Eine Reiseroute führt über Villach und Udine, wo der Meister sich mit Mortadella eindeckt, nach Venedig, weiter nach Padua, wo er mit seinen Begleitern bei strömendem Regen auf der Piazza del Santo verweilt, in das Hauptziel Ravenna: „Bei Mondenschein fährt man durch die Niederungen der

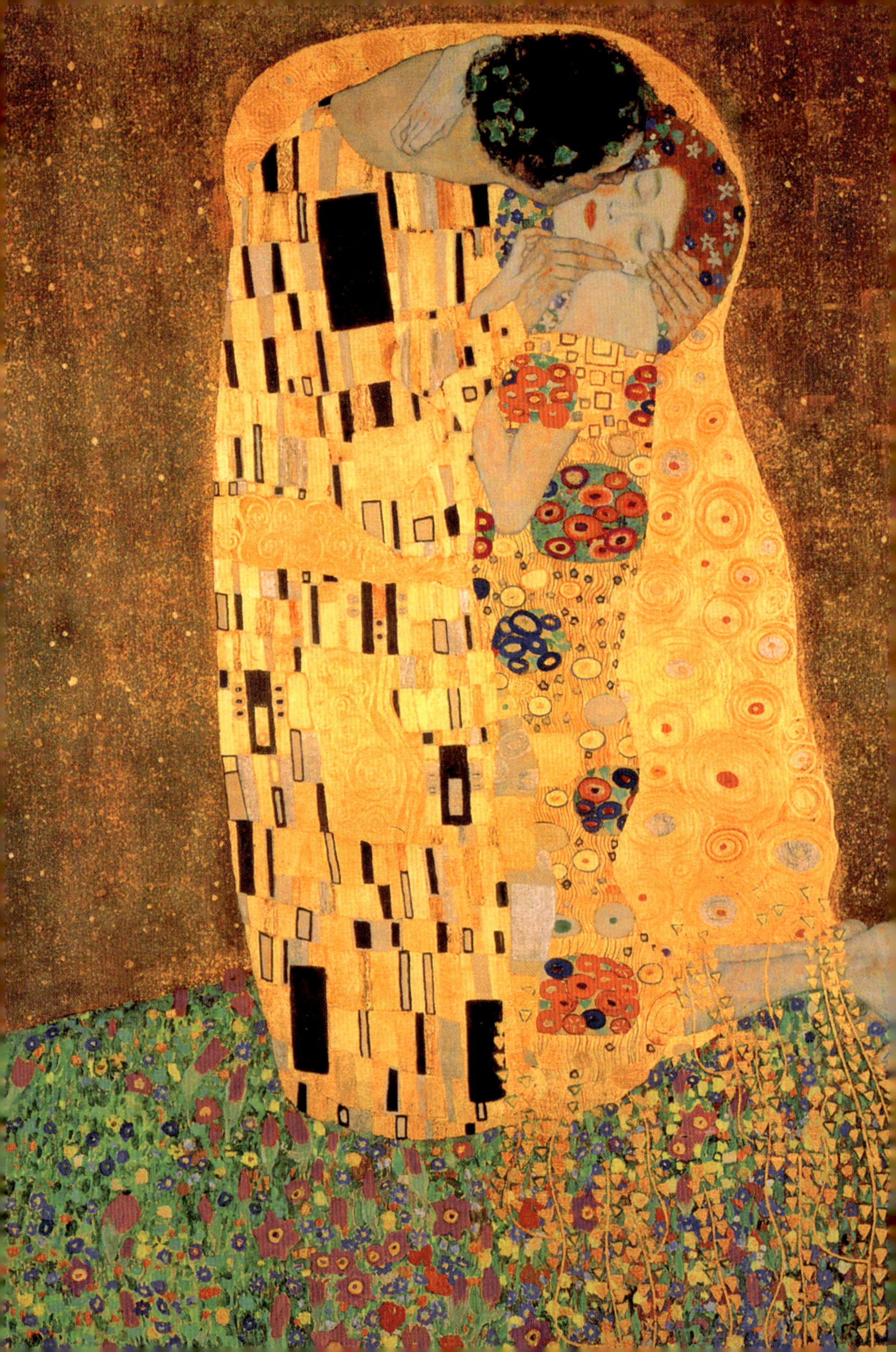

Pomündung. Ravenna, das eigentliche Reiseziel, ist erreicht; Gustav Klimts Schicksalsstunde ist da. Denn die goldschimmernden Mosaiken der ravennatischen Kirchen machen einen ungeheuren, entscheidenden Eindruck auf ihn. Von da an kommt das Prunkende, das Starr-Prächtige in seine sensible Kunst."[11]

In Florenz fesselt ihn die Kunst der Primitiven, ein Ausflug mit der Dampftramway führt ihn nach Fiesole, dann geht es weiter nach Pisa, Spezia, Mantua, Verona und Desenzano. „Im Morgennebel besteigen sie das Postschiff, genießen den Sonnenaufgang über dem Gardasee, gleiten am Schloß Sirmione, an fruchtschweren Zitronengärten vorbei und finden das Nordufer des Sees in tiefem Schnee. In Torbole wohnen sie im Hause, das einst Goethe beherbergt hat. Kaum kriegt Klimt wieder Österreicherinnen zu Gesicht, so wacht auch seine mächtige Freude an den Frauen, die im Süden geschlummert hat, wieder auf, und er beginnt, sich mit ihnen zu necken."[12]

Nachfolgende Werke wie das *Bildnis der Fritza Riedler*, *Der Kuß*, *Adele Bloch-Bauer I* oder der *Stocletfries* stehen unter dem direkten Eindruck der Ravennafahrt. Der sakrale und magische Charakter der goldenen Bilder geht Klimt nicht mehr aus dem Kopf. Sie markieren den Anfang seines „Goldenen Stils".

Unterdessen gehen die Arbeiten an den immer noch unfertigen Fakultätsbildern weiter. Im November 1903 werden sie erstmals zusammen mit der bisher noch nicht präsentierten *Jurisprudenz* in einer Ausstellung der Secession gezeigt. Mit über achtzig Bildern ist es die bisher größte Klimtausstellung. Auch den *Beethovenfries* hat man vorerst noch stehenlassen.

Nach eingehender Besichtigung will die Kunstkommission des Unterrichtsministeriums am 11. November über die Fakultätsbilder befinden und nimmt die Gemälde positiv auf. Da wird der Ruf laut, die Fakultätsbilder mögen nicht in der Aula der Universität, sondern in der Modernen Staatsgalerie ausgestellt werden. Als Klimts Freunde innerhalb der Secession Anfang 1904 anregen, Österreich möge die Fakultätsbilder zur

Abb. 60: *Der Kuß*, 1907/08. Öl auf Leinwand. Österreichische Galerie, Wien. Das Gemälde markiert den Zenit in Klimts goldener Periode.

Abb. 61: *Judith und Holofernes I*, 1901. Öl auf Leinwand. Österreichische Galerie, Wien. Modell für dieses Bild steht Adele Bloch-Bauer. Das Bild bezieht sich auf die alttestamentarische Überlieferung von der schönen jüdischen Witwe Judith, die ihr Volk vor den Heerscharen des Nebukadnezar rettet, indem sie den Heerführer Holofernes im feindlichen Heerlager aufsucht und den trunken Schlafenden mit dessen eigenem Schwert enthauptet.

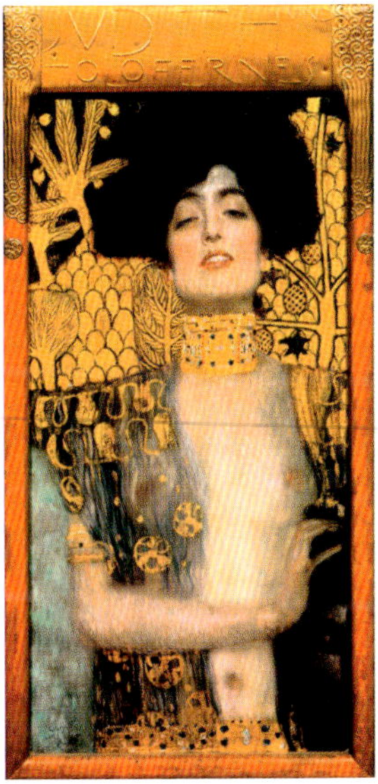

Weltausstellung nach St. Louis schicken, lehnt das Ministerium ab. Jetzt ist das Maß voll, Klimt verweigert die Lieferung der zehn noch ausständigen Zwickelbilder. Die „Stilisten“ um Klimt opponieren gegen jede Teilnahme der Secession an der Weltausstellung, was wiederum den „Naturalisten“ nicht recht ist. So steigen die Spannungen zwischen den beiden Flügeln. Die Causa mit den Fakultätsbildern steht unter keinem guten Stern.

Die Rücknahme der Fakultätsbilder

Die auf Zeitungspapier ausgetragene Fehde schwelt weiter. Dann, am 3. April 1905, tritt Klimt, der Diskussionen um seine Fakultätsbilder müde, vom Auftrag zurück: „[...] Soll meine Jahre verschlingende Arbeit überhaupt vollendet werden, muß ich zuerst wieder Freude dazu schaffen, und diese fehlt mir vollständig, solange ich sie unter den jetzigen Verhältnissen als Staatsauftrag betrachten muß. Ich stehe daher vor der Unmöglichkeit den schon so weit gediehenen Auftrag zu vollenden und stelle unter einem die ganzen im Laufe der Jahre bezogenen Vorschüsse zurück.“[13] Das Ministerium protestiert, verweist auf das Eigentumsrecht des

Abb. 62: *Wasserschlangen II*, 1904–1907. Öl auf Leinwand. Privatbesitz.

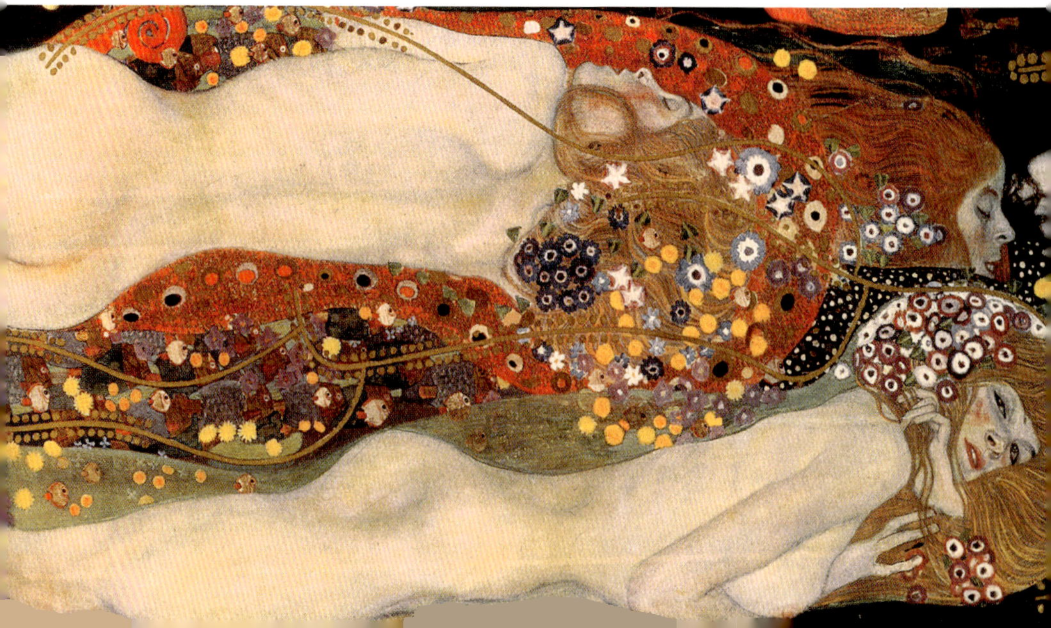

Staates. Die Affäre kommt zu einem Ende: Am 10. April berichtet das *Prager Tagblatt* von Klimts Rückzug, am 12. April steht sein Brief in der *Wiener Allgemeinen Zeitung*. In einem Interview für die Kunstkritikerin Bertha Zuckerkandl schildert er die leidige Geschichte mit den Fakultätsbildern und dazu seine Erfahrung mit der staatlichen Kunstpolitik: „Ich werde auch niemals, unter diesem Ministerium gewiß nicht bei einer offiziellen Ausstellung mittun, es sei denn, meine Freunde zwängen mich dazu. Genug der Zensur. Ich greife zur Selbsthilfe. Ich will loskommen. Ich will aus all diesen unerquicklichen, meine Arbeit aufhaltenden Lächerlichkeiten zur Freiheit zurück. Ich lehne jede staatliche Hilfe ab, ich verzichte auf alles. [...] Die Hauptsache ist, ich will Front machen gegen die Art, wie im österreichischen Staate, wie im Unterrichtsministerium Kunstangelegenheiten behandelt und erledigt werden. Es geht bei jeder Gelegenheit gegen die echte Kunst und gegen echte Künstler los. Protegiert wird immer nur das Schwache, das Falsche. [...] Eine reinliche Scheidung soll sein. Es soll nicht der Staat den Kunstmäzen spielen dort, wo er höchstens Almosen gibt. Es soll der Staat nicht sich die Diktatur des Ausstellungswesens und der Künstleraussprachen arrogieren dort, wo es seine Pflicht wäre, nur als Vermittler und als kommerzieller Faktor aufzutreten und den Künstlern vollkommen die künstlerische Initiative zu überlassen.“[14]

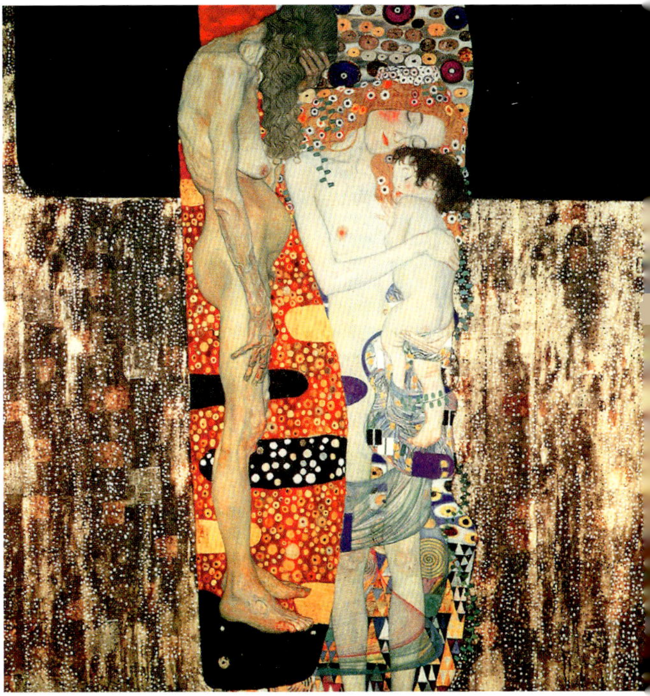

Abb. 63: *Die drei Lebensalter*, 1905. Öl auf Leinwand. Galleria Nazionale d'Arte Moderna, Rom.

Nach weiteren Zeitungsberichten gibt sich das Ministerium am 27. April 1905 geschlagen. Klimt hat sich

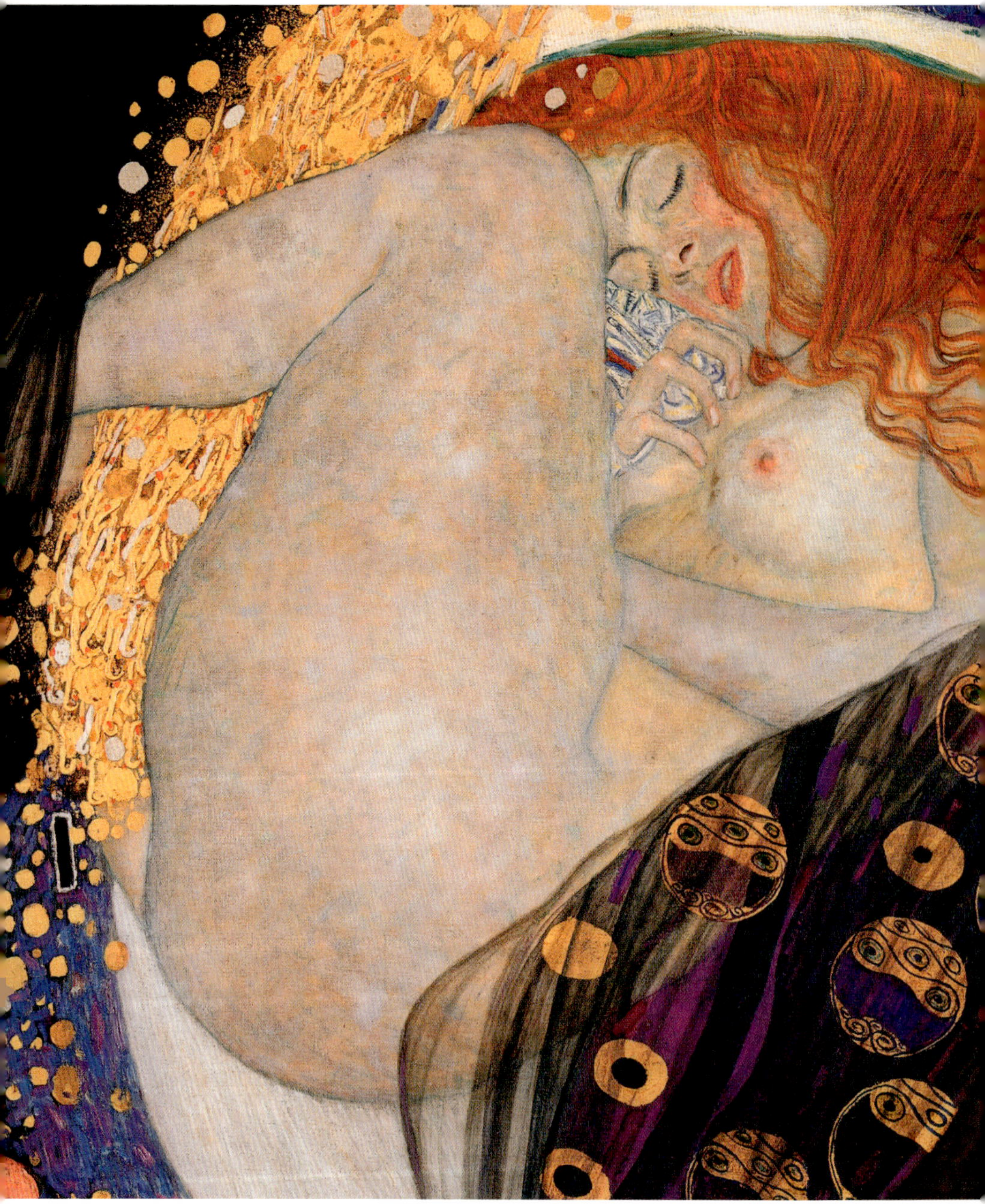

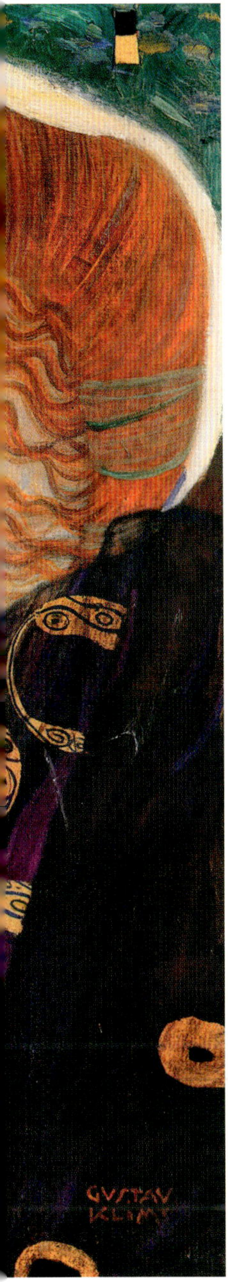

durchgesetzt und kann die Fakultätsbilder behalten. Ein teurer Sieg: Am 25. Mai zahlt Klimt, unterstützt von dem Kunstsammler und Mäzen August Lederer (1857–1936), das anteilige Honorar in Höhe von 30.000 Kronen an das Ministerium zurück. Die leidige Affäre trägt später auch zur Demission des Unterrichtsministers von Hartel bei. Auch Klimt bleibt nicht ohne Blessuren zurück: Als auf Initiative der Akademie der Bildenden Künste noch einmal von der Ernennung Klimts zum Professor die Rede ist, stellt sich das Ministerium quer.

Derweilen können die Interessierten die Fakultätsbilder in der Wiener Galerie Miethke in ihrer letzten Fassung von 1907 bestaunen, ehe sie ihren Weg nach Berlin finden. Im Frühjahr 1908 werden *Jurisprudenz* und andere Gemälde in Prag gezeigt, wo die Öffentlichkeit aus der Zeitung von dem Streitfall mit der Obrigkeit erfahren hat. Die *Philosophie* wird in die Wohnung der Familie Lederer gebracht und dort in einem eigens von Josef Hoffmann gestalteten Raum aufgehängt. Kolo Moser, durch Heirat mit der begüterten Editha Mautner-Markhof wohlhabend geworden, erwirbt die Bilder *Medizin* und *Jurisprudenz.* Nach seinem Tod gelangt die *Jurisprudenz* in den Besitz der Familie Lederer, wohingegen die Österreichische Galerie die *Medizin* ankauft. Anläßlich Klimts 80. Geburtstags werden die Fakultätsbilder 1942 ein letztes Mal in der Secession gezeigt. Am 11. Mai 1945 werden sie zu einem Raub der Flammen.

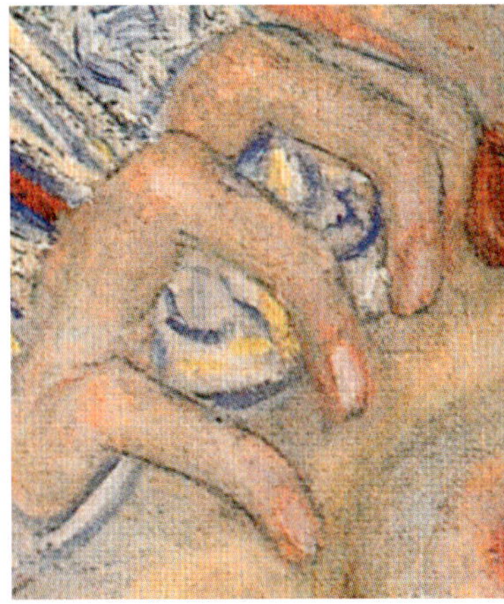

Abb. 64: *Danae*, 1907/08. Öl auf Leinwand. Privatbesitz. Danae, die Tochter des Königs von Argos, wird von ihrem Vater in ein Verlies eingesperrt, damit kein Mann ihrer habhaft werden könne. Da verwandelt sich Zeus höchstselbst in einen Goldregen und wohnt ihr bei. Der Ausdruck in Danaes Zügen und die Haltung ihres Körpers und ihrer Finger verdeutlichen die Erfüllung durch die göttliche Liebe. Trotz des Schwalls von Goldpailletten, der sich zwischen Danaes Schenkel ergießt, kündigt sich formal bereits die Abkehr vom rein Ornamentalen an.

Die Sezession der Secessionisten

In der Secession hat sich anno 1905 einiger Zündstoff angesammelt, auch hier gibt es Fronten und Parteiungen. Ein orthodox impressionistischer Flügel, die Malergruppe um Josef Engelhart, steht da den „Stilisten" gegenüber, der übermächtig empfundenen Klimt-Gruppe mitsamt den Kunstgewerblern und Architekten, die sich eine Durchdringung aller Lebensbereiche mit Kunst auf die Fahnen geschrieben hat. Die Ursachen der Spannungen sind prosaischer, es geht um die Trennung von Kunst und Kommerz, es geht um Eifersucht, um Brotneid. An der Galerie Miethke, die Klimts Freund Carl Moll eng an die Secession binden will, scheiden sich schließlich die Geister. Der Vorstand der Secession Engelhart legt Moll nahe, sich zwischen der Künstlervereinigung und der Galerie Miethke zu entscheiden. Die „Stilisten" um Klimt – Carl Moll, Otto Wagner, Josef Hoffmann, Kolo Moser und einige andere – nehmen den Hader zum Anlaß, der Vereinigung den Rücken zu kehren. In einem emphatischen Brief an das Unterrichtsministerium erklären sie den Austritt: „Euer Hochwohlgeboren! Die Unterzeichneten erlauben sich hiermit ihren Austritt aus der Vereinigung der Bildenden Künstler Österreichs (Secession) mitzuteilen. Die tatkräftige Unterstützung, welche Sie der Vereinigung angedeihen ließen, verpflichtet uns, hochgeehrter Herr, diesen unseren Schritt

Abb. 65: *Bauerngarten mit Sonnenblumen*, 1907. Öl auf Leinwand. Österreichische Galerie, Wien. Klimt malt das farbenfrohe, an Vincent van Gogh geschulte Bild in der Sommerfrische in Litzlberg am Attersee.

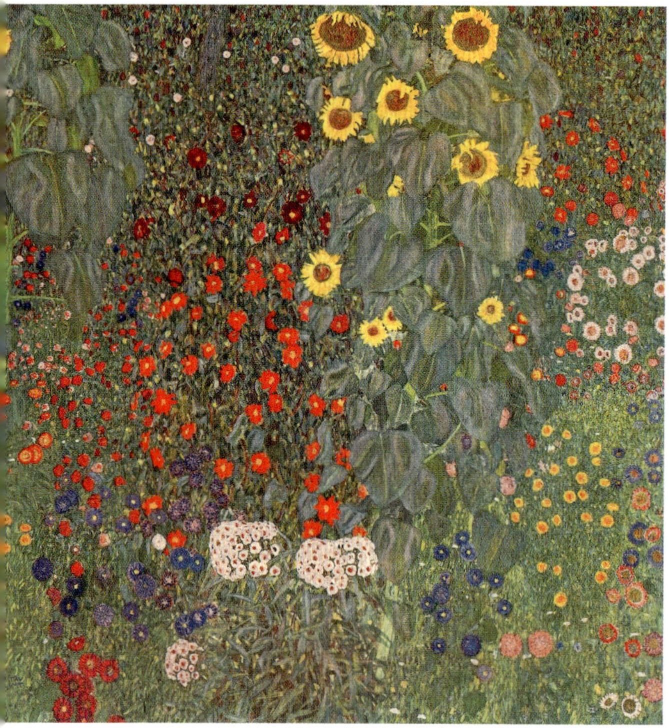

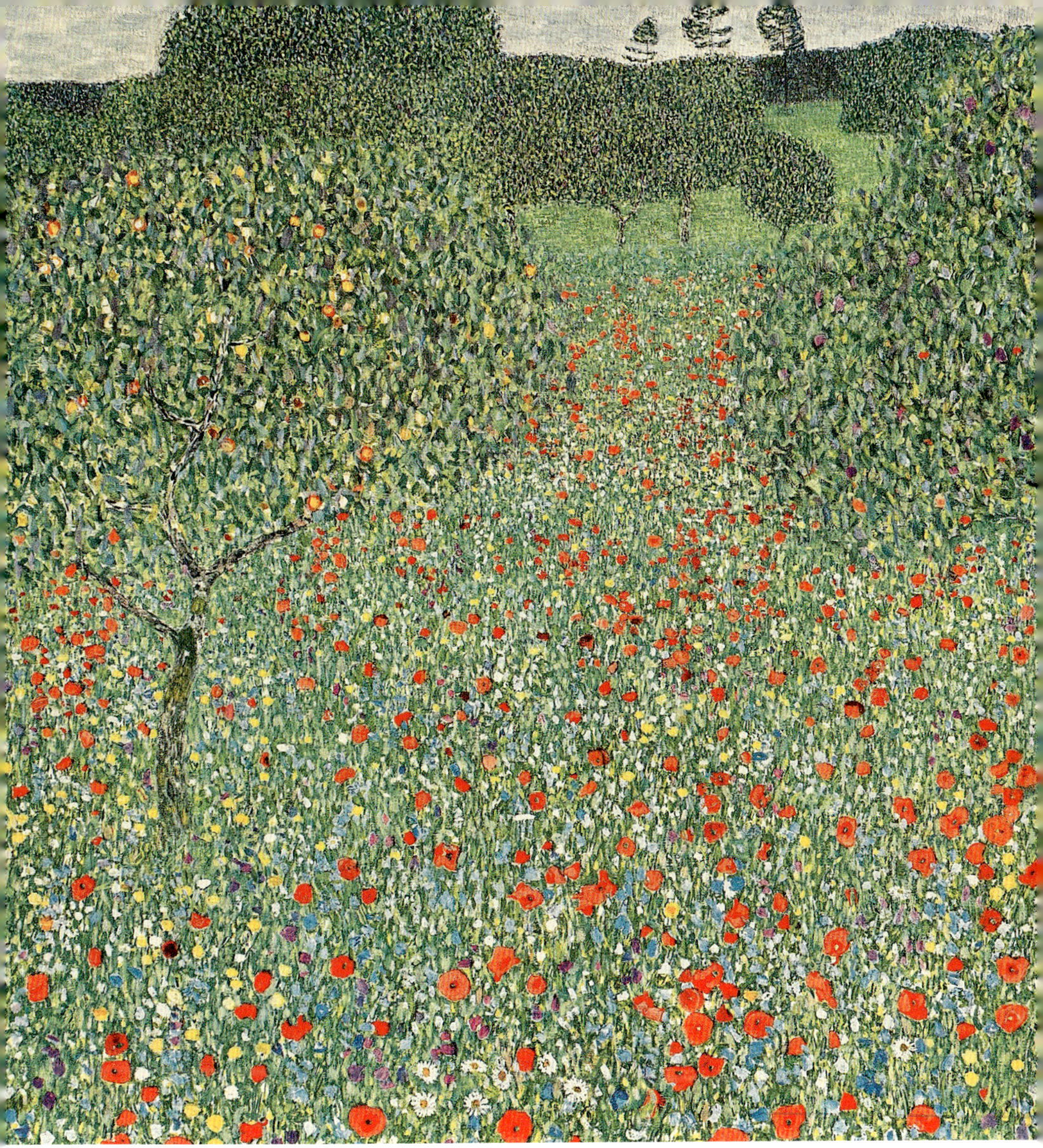

zu begründen. – Wir sind der Ansicht, daß angesichts des gewaltigen Umschwungs aller Anschauungen die Künstler ihre Tätigkeit nicht lediglich auf die zeitweilige Veranstaltung von Ausstellungen beschränken sollen, daß sie vielmehr danach trachten müssen, auf immer mehr Äußerungen des modernen Lebens Einfluß zu gewinnen; daß sie geradezu verpflichtet sind, jedwede sich darbietende Gelegenheit zu benützen,

Abb. 66: *Mohnwiese*, 1907. Öl auf Leinwand. Österreichische Galerie, Wien.

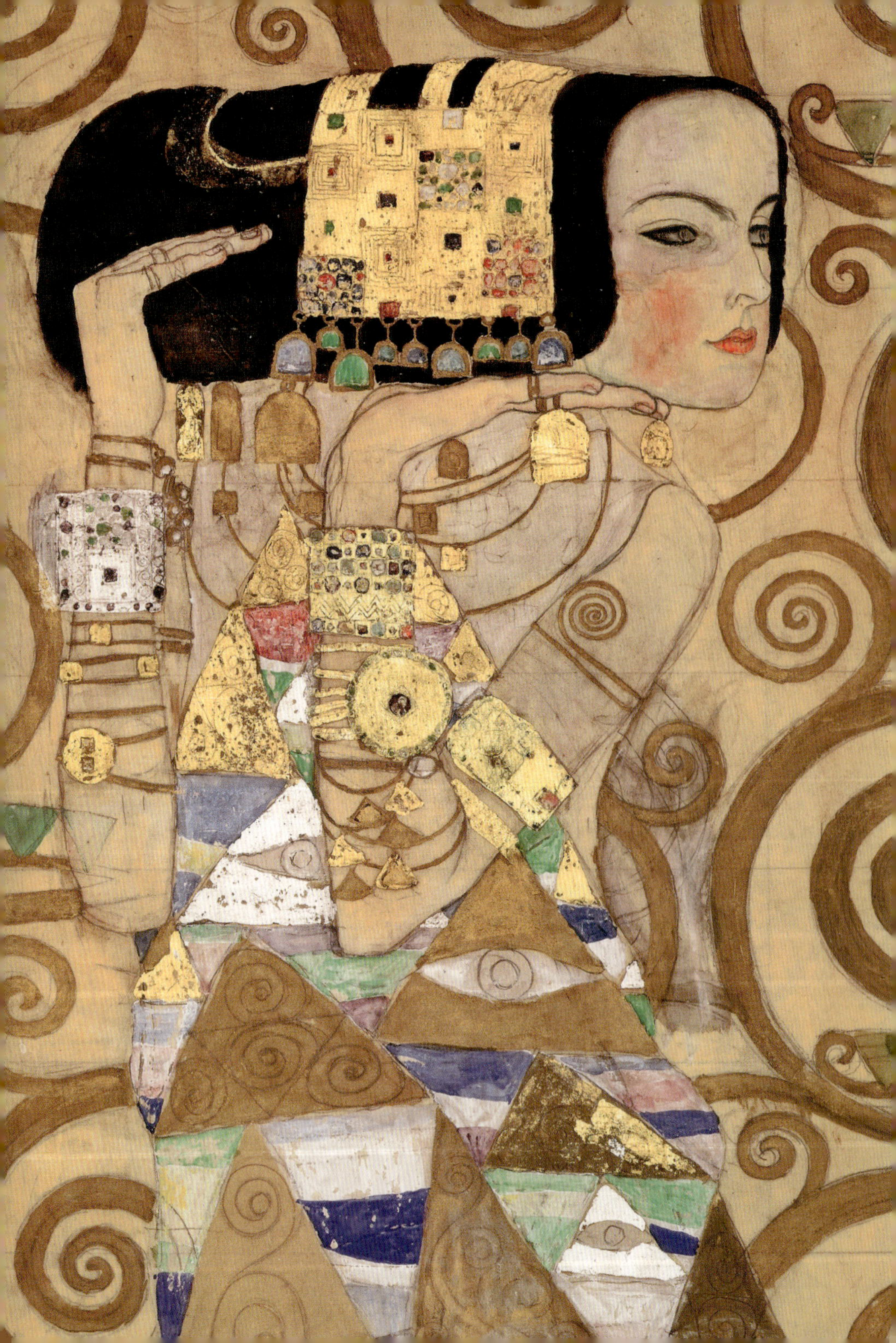

um das Kunstleben im weitesten Sinne zu fördern, und immer weitere Kreise des Volkes durch ihre Tätigkeit davon zu überzeugen, daß kein Leben so reich ist, daß es durch die Kunst nicht reicher werden könnte, keines so arm, daß für die Kunst darin kein Raum wäre. – Da unsere Bestrebungen bei der Majorität der Vereinigung auf Widerstand und Mißdeutung stießen, da manche derselben sich im engen Rahmen einer Vereinigung gar nicht versuchen lassen, vor allem aber, weil wir erkennen mußten, daß die Mehrzahl unserer Kollegen kein Vertrauen in den Ernst unserer Absichten und kein Wohlwollen für diese aufzubringen vermochte, haben wir uns zum Austritt genötigt gesehen."[15]

Ein Jahr später findet sich die ausgetretene Klimt-Gruppe zum Österreichischen Künstlerbund zusammen. Als lose Vereinigung ohne Satzung werden die Künstler unter diesem Dach die Wiener Kunstschauen von 1908 und 1909 ausrichten. Anno 1910 können bei einer großen Gustav Klimt-Ausstellung Ölbilder und

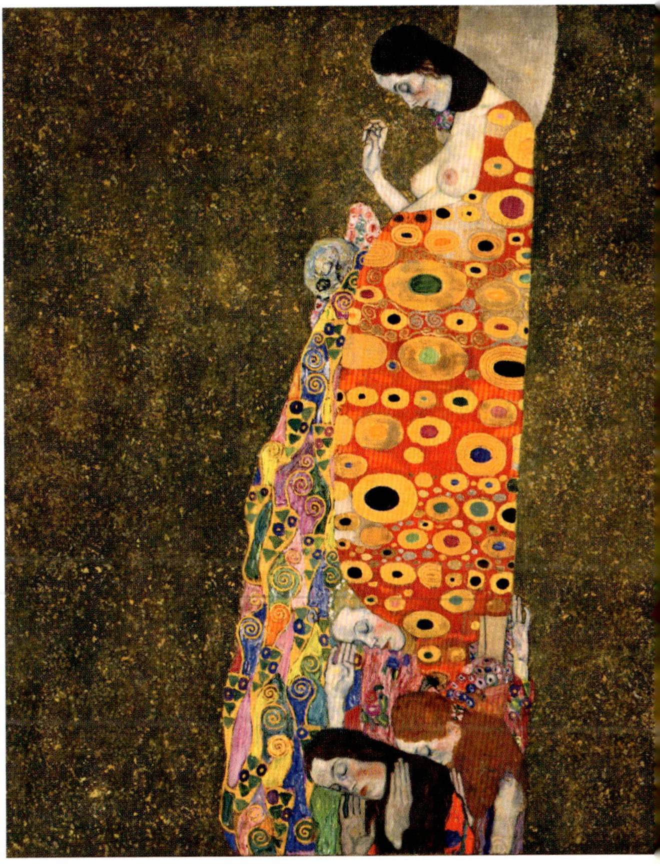

Abb. 67 (links): Detail aus der Werkzeichnung für *Die Tänzerin* („*Die Erwartung*"), 1910. Verschiedene Techniken auf Transparentpapier. Österreichisches Museum für angewandte Kunst/ Gegenwartskunst, Wien.

Abb. 68: *Hoffnung II (Vision)*, 1907/08. Ölfarben, Gold und Silberauflagen auf Leinwand. The Museum of Modern Art, New York. Erstmals gezeigt bei der Kunstschau 1909.

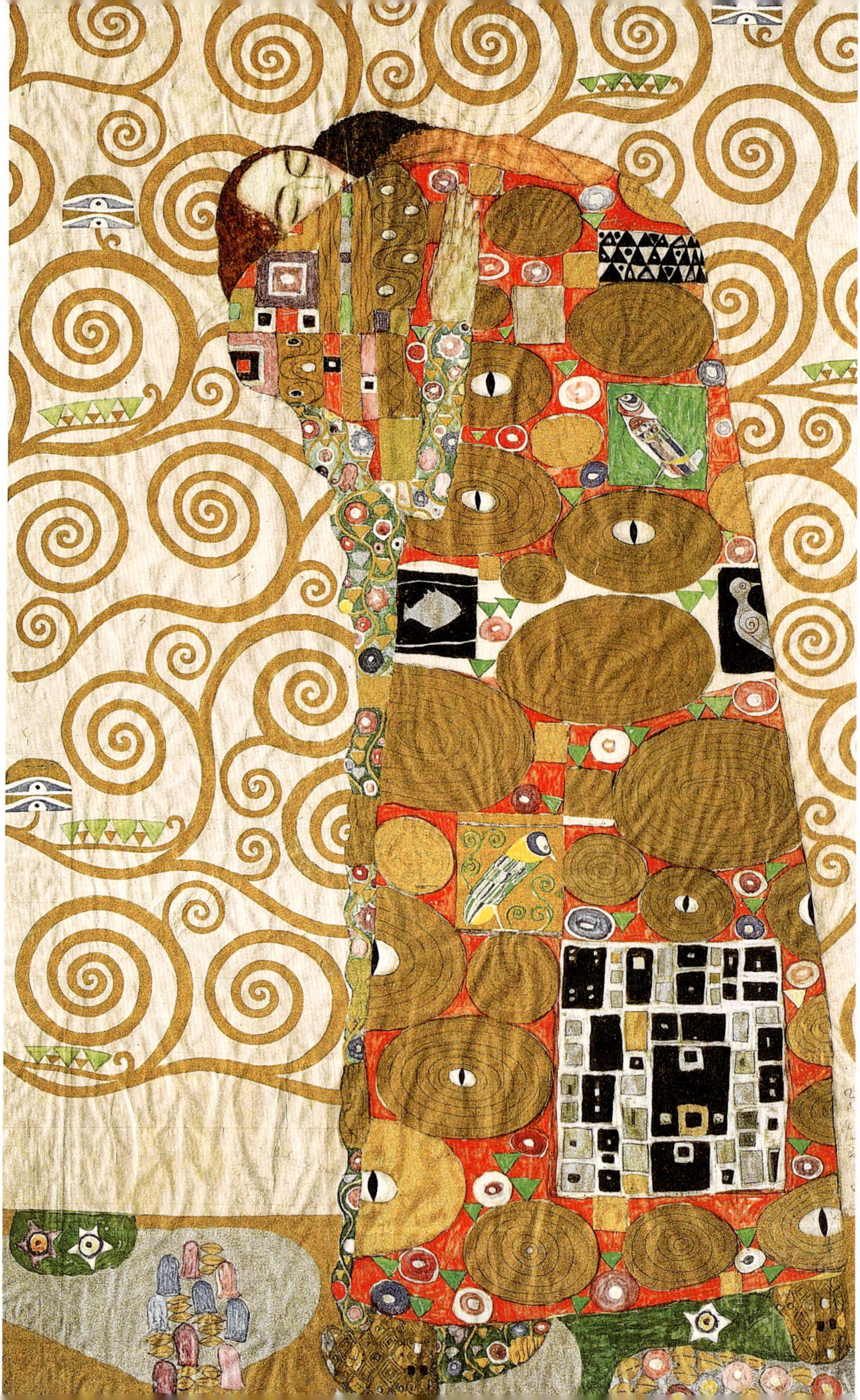

Abb. 69: Detail aus der Werkzeichnung für *Das Liebespaar* („*Die Erfüllung*"), 1910. Verschiedene Techniken auf Transparentpapier. Österreichisches Museum für angewandte Kunst/Gegenwartskunst, Wien.

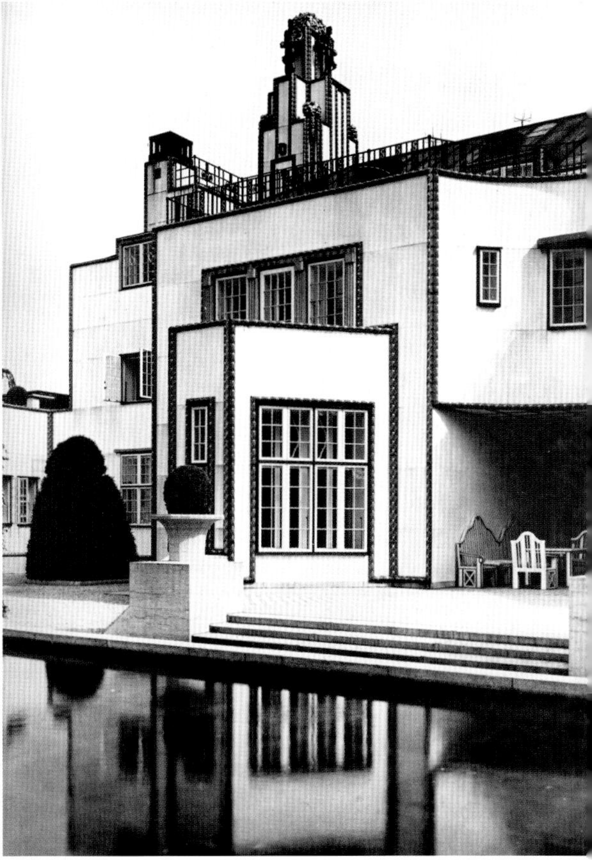

Abb. 70: Josef Hoffmann: *Blick auf die Gartenfassade des Palais Stoclet*, 1917/18. Silbergelatineabzug. Bildarchiv Foto Marburg.

Zeichnungen des Künstlers in der Galerie Miethke bewundert werden.

In der Zwischenzeit haben der Wiener Architekt Josef Hoffmann und die Wiener Werkstätten von dem belgischen Großindustriellen Adolphe Stoclet (1871–1949) den Auftrag zu einem repräsentativen Stadtpalais in Brüssel erhalten. Klimt wird mit dem Entwurf für den Mosaikfries im Speisesaal betraut und schafft mit dem dominierenden Motiv des Lebensbaums und weiteren Mosaiken ein Kunstwerk von erlesener Schönheit. Nach Fertigstellung der Werkvorlagen 1910 übernehmen die Wiener Werkstätten die Herstellung des Mosaiks, im Jahr darauf montieren Handwerker den Fries in Brüssel. Als dieses letzte Gemeinschaftswerk des Jugendstils seine Verwirklichung findet, sitzt Walter Gropius (1883–1969) bereits über Plänen, die man später der Neuen Sachlichkeit zuordnen wird. Mit dem Austritt der Klimt-Gruppe endet der Heilige Frühling nach sieben fruchtbaren Jahren, der Jugendstil steht im Hochsommer seiner Entwicklung.

Klimt verläßt Wien nicht allzuoft, abgesehen von seinen Sommerfrischen am Attersee, den Kuraufenthalten in Bad Gastein in seinen späteren Jahren und den sonntäglichen Ausflügen mit Emilie Flöge nach Mödling und Baden.

Anno 1888 unternimmt er eine erste Fernreise nach Tirol, Salzburg und an den Königsee, noch im selben Jahr wird er mit der Eisenbahn nach Krakau, München, Venedig und Triest dampfen, wie aus einem handgeschriebenen Lebenslauf erhellt. Kleinere Reisen führen ihn 1909 nach Prag, 1915 zu den Lederers nach Raab (Györ) in Ungarn, 1914 und 1917 zum Familiensitz der Primavesi nach Winkelsdorf bei Olmütz.

In Paris bewundert Klimt 1909 das Werk von Toulouse-Lautrec, er studiert die Fauvisten – und wohl auch die Pariserinnen: Wie er auf einer Postkarte vom 23. Oktober bekennt, hat er „am Montmartre die ersten jungen Weiber erblickt (Cocotten natürlich)." Dann die Frage seiner Freunde, wie es ihm in Paris, dem neuen Rom der modernen Malerei gefallen habe. „Gar net", lautet die Antwort Klimts, „es wird furchtbar viel dort gemalt."[16] Von Paris aus geht es, zusammen mit Carl Moll, weiter nach Spanien, wo er begeistert ist vom Prado, vom Eskorial, von Toledo, von Velásquez.

Im Mai des Jahres 1905 fährt Klimt erstmals ins quirlige Berlin, zur Eröffnung der Ausstellung des Deutschen Künstlerbundes. 1907 kommt er neuerdings in die Reichshauptstadt zur Ausstellung der

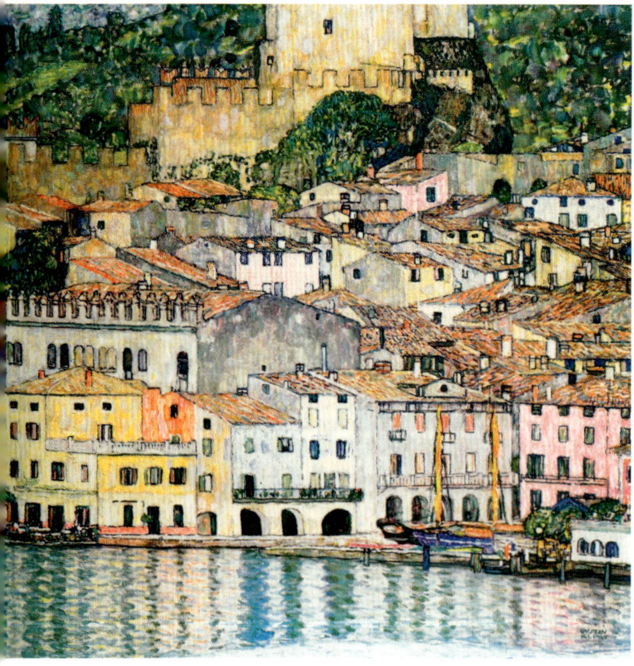

Abb. 71: *Malcesine am Gardasee*, 1913. Öl auf Leinwand. Verbrannt 1945.

Fakultätsbilder bei Keller & Reiner, doch die Resonanz ist mäßig. Das gilt auch für München, wo Klimt im September 1910 erneut weilt.

Im Mai 1908 reist Klimt in Begleitung des Textilfabrikanten und Finanziers der Wiener Werkstätten Fritz Waerndorfer nach Brüssel und London. Um den fertigen Fries für den belgischen Großindustriellen Stoclet zu besichtigen, fährt er 1914 nach Brüssel. Bei dieser Gelegenheit bewundert er die Skulpturen afrikanischer Naturvölker im Musée du Congo.

Kein Reiseziel hat Klimt so angezogen wie Italien: Schon 1890 unternimmt er eine Fahrt nach Venedig. Ein zweites Mal verschlägt es ihn 1897 nach Italien, diesmal auf Anregung von Carl Moll, mit dessen Familie Klimt während der Secessionszeiten regen Verkehr unterhalten hat. Nach einer Woche in Florenz unternimmt Klimt einen Abstecher nach Pisa, Genua, Mailand, Verona und Venedig, ehe es mit einem Direktcoupé zurückgeht nach Wien. Schließlich die prägenden Italienfahrten nach Ravenna, anno 1903. Ein letztes Mal sieht der Maler Florenz 1906 und Rom im März 1911, wo er seinen Bildern auf der Internationalen Kunstschau begegnet.

Die Reise an den Gardasee beschließt im Jahr 1913 seine mediteranen Erkundungen, der Weltkrieg läßt solche Kunstreisen bald nicht mehr zu.

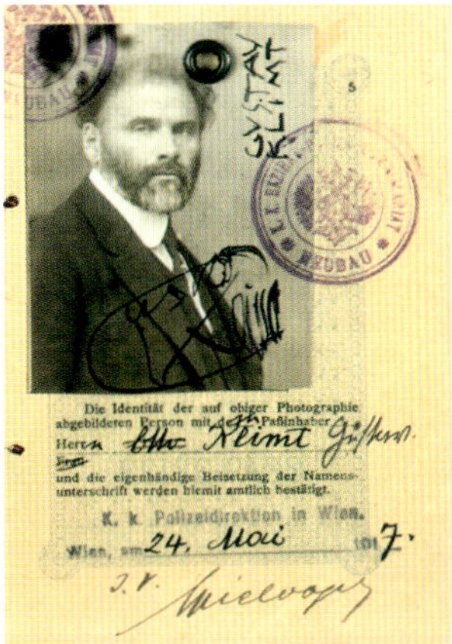

Abb. 72: Klimts Reisepaß.

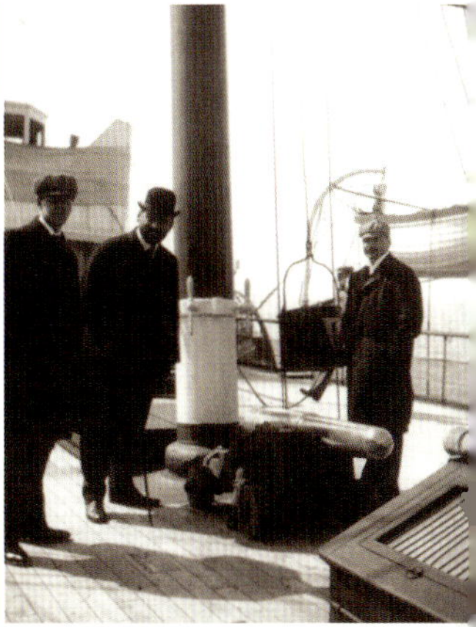

Abb. 73: Gustav Klimt auf einer Reise nach London, vermutlich 1906.

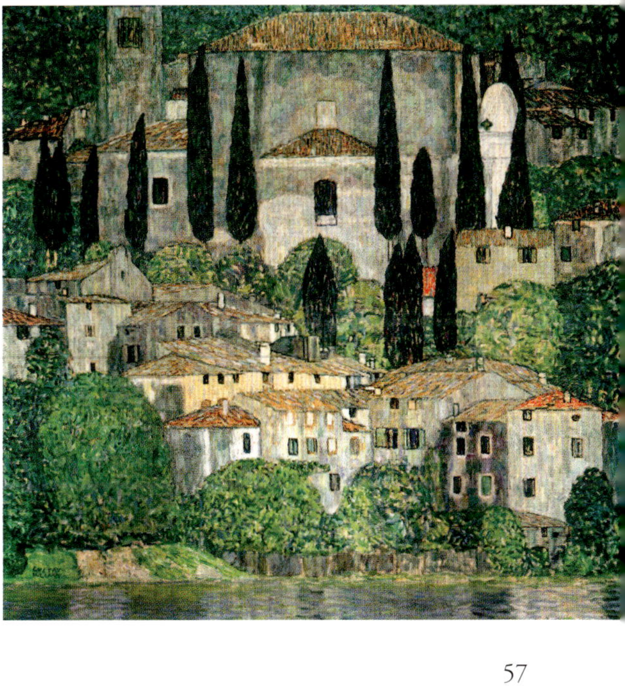

Abb. 74: *Kirche in Cassone (Landschaft mit Zypressen)*, 1913. Öl auf Leinwand. Privatbesitz.

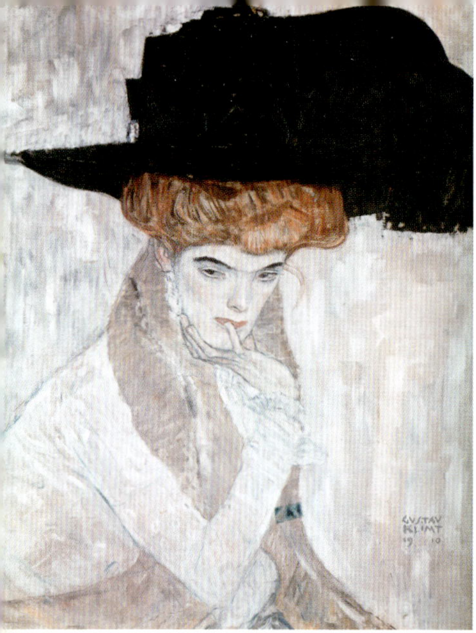

Abb. 75: *Der schwarze Federhut*, 1910. Öl auf Leinwand. Privatbesitz.

Abb. 76: *Tod und Leben*, 1910/11, umgearbeitet 1915/16. Öl auf Leinwand. Leopold Museum, Wien.

Ausstellungen ausserhalb Wiens

Vor der Jahrhundertwende sind die Ausstellungen überschaubar, an denen Klimt sich beteiligt. Neben vier Expositionen im Künstlerhaus und der Weltausstellung in Antwerpen, wo sein *Zuschauerraum des Theaters in Totis* prämiert wird, werden Klimts Bilder 1897 bei der Internationalen

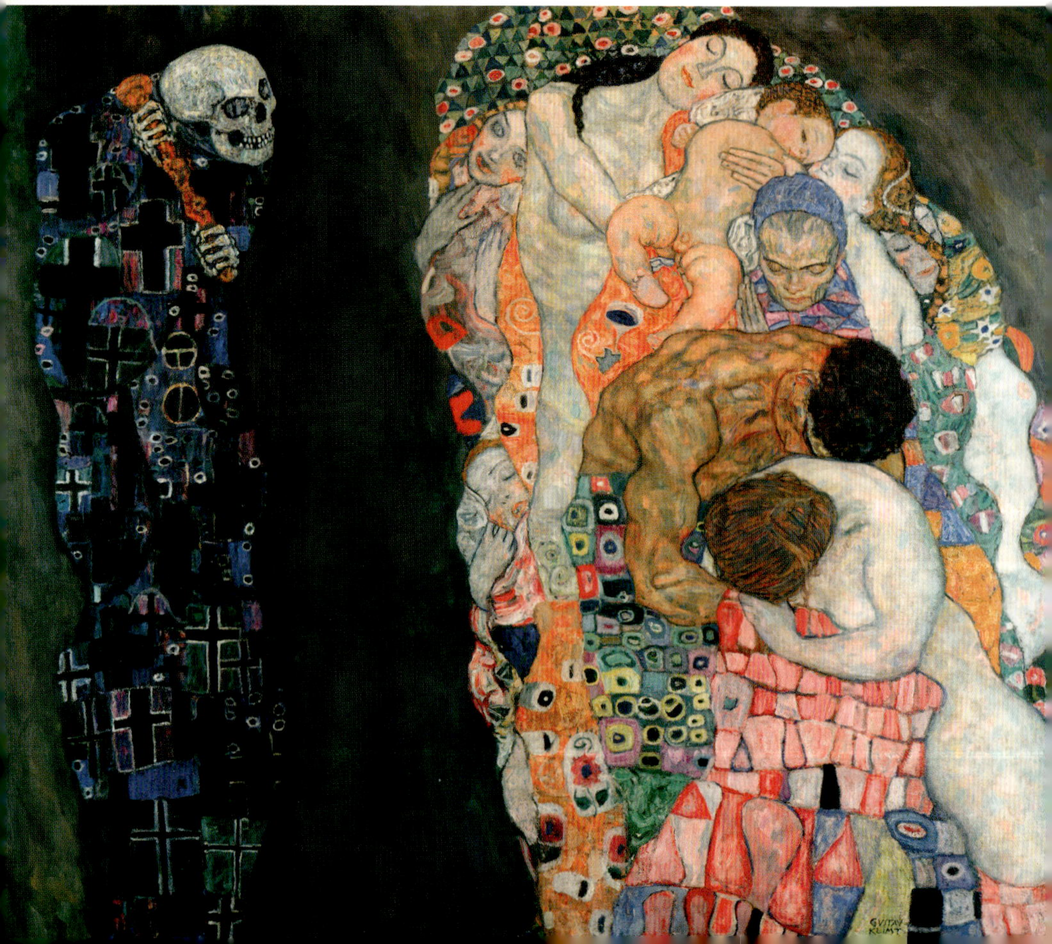

Kunstausstellung in Dresden gezeigt, im Jahr darauf im Salon d'Automne in Paris, 1899 bei der 3. Internationalen Ausstellung in Venedig sowie 1900 bei der Weltausstellung in Paris. In Venedig huldigt man Klimt 1910 bei der neunten Biennale ein zweites Mal, und in einem eigenen Klimtsaal stellen die Organisatoren 28 seiner Bilder aus. Bei der Internationalen Kunstausstellung in Rom erhält Klimt den ersten Preis für *Tod und Leben*.

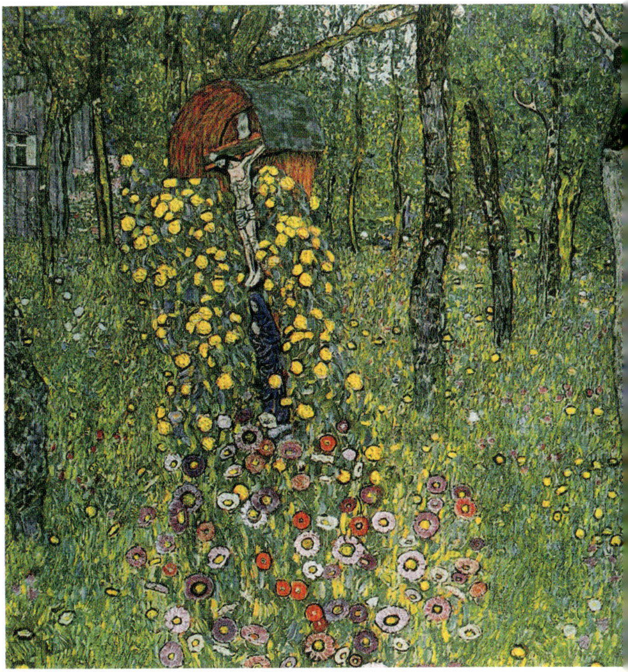

Abb. 77: *Bauerngarten mit Kruzifix*, 1912. Öl auf Leinwand. Verbrannt im Mai 1945 auf Schloß Immendorf, Niederösterreich.

Sonst sind es vor allem deutsche Städte, die Klimts Bilder präsentieren, darunter Dresden (Internationale Kunstaustellung 1901; Große Kunstschau 1904 und 1912; Galerie Arnold 1907), dann München (Internationale Kunstausstellung 1905, 1909 und 1913), Berlin (Kunsthandlung Keller und Reiner 1907, Berliner Sezession 1911, 1915 und 1916), Karlsruhe (1902) und Mannheim (Internationale Kunstausstellung 1907 und Ausstellung des Deutschen Künstlerbundes 1913). Eine Sonderstellung nehmen Budapest (Ausstellung des Bundes österreichischer Künstler, 1913) und Prag ein: Bei der 64. Jahresausstellung des Kunstvereins für Böhmen wird 1903 Klimts *Medizin* gezeigt. Anno 1908 können die Prager im Deutschen Haus bei der Ausstellung deutscher Künstler aus Böhmen die *Jurisprudenz* in Augenschein nehmen. Eine Werkschau mit zehn Bildern bietet der Deutsch-böhmische Künstlerbund erstmals 1910 und noch einmal 1914, jeweils im Rudolfinum in Prag.

Das Kunsthaus Zürich beschließt den Reigen mit vierzehn der besten Bilder Klimts im Rahmen der Schau „Ein Jahrhundert Wiener Malerei“.

Abb. 78: Berthold Löffler, Plakat zur Kunstschau 1908.

Abb. 79: Der Klimtraum in der Wiener Kunstschau 1908.

Abb. 80: Im Hof der Wiener Kunstschau 1908.

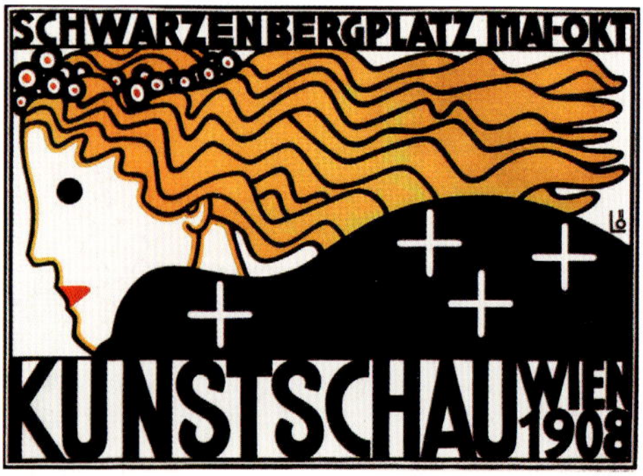

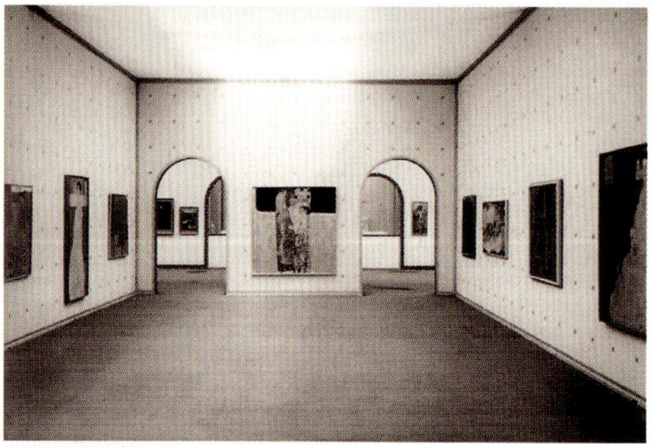

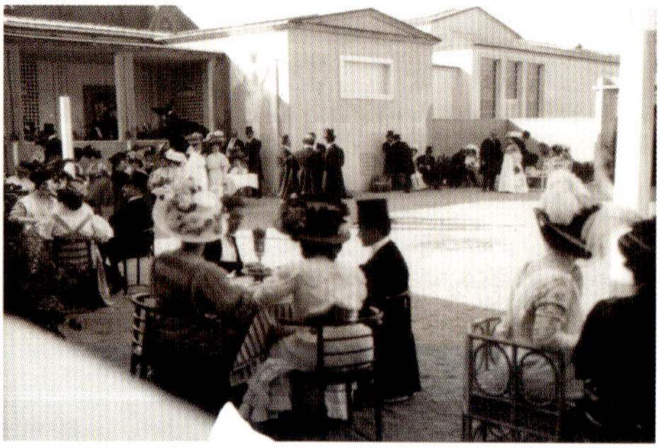

In der Donaumetropole lassen sich die nicht mehr der Secession unterstehenden „Stilisten“ um Klimt erstmals bei der Kunstschau Wien 1908 sehen, einer Großausstellung der Stilkunst auf dem Baugelände des künftigen Wiener Konzerthauses, 54 Räume in Baracken aus Holz und weißem Putz, von Josef Hoffmann eilends aufgestellt für eine Lebensdauer von wenigen Monaten. Die Schau anläßlich des sechzigsten Thronjubiläums des Monarchen ist nicht nur eine Leistungsschau der österreichischen Künste von der Friedhofsplastik bis zur Bühnendekoration, es ist auch eine patriotisch getränkte, folkloristisch kostümierte Huldigung an den Kaiserstaat. Den Wienern bleibt vor allem der Festzug durch die Wiener Innenstadt in Erinnerung, an dem sich alle Völker der bereits mürben Monarchie beteiligen.

Den unbestrittenen Höhepunkt der Exposition bildet der Klimt-Raum Nr. 22, die „Gustav-Klimt-Kirche der modernen Kunst“, wie es Peter Altenberg zuspitzt. Hier werden *Der Kuß*, den die Moderne Galerie noch auf der Ausstellung erwirbt, und weitere 15 Werke Klimts aus den letzten Jahren gezeigt. Klimt läßt es sich nicht nehmen, die Eröffnungsansprache zu halten, er ist es auch, der dem noch jungen Oskar Kokoschka (1886–1980) die Teilnahme ermöglicht. Der erwartete Skandal bleibt aus, aber am finanziellen Fiasko und den schlechten Kritiken ändert das nichts. Die Zeiten haben sich geändert, seit die erste

Ausstellung der Secession die Wiener Kunstfreunde in Scharen anlockte.

Die provisorische Halle bleibt bis zum nächsten Jahr stehen, und 1909 wird darin eine weitere Kunstschau unter der Ägide Klimts ausgerichtet, nun mit Bildern führender europäischer Künstler wie van Gogh, Munch oder Matisse. Aus heimischem Kunstschaffen sind neben den neuesten Klimtbildern im Klimt-Raum Nummer 22 wieder Bilder von Kokoschka zu sehen, dazu erstmals Zeichnungen des 17jährigen Zöglings der Wiener Akademie der bildenden Künste Egon Schiele, dessen Bekanntschaft Klimt 1907 gemacht hat.

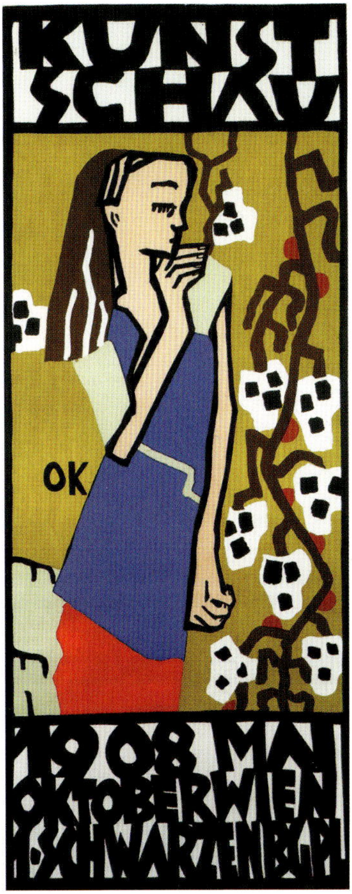

Abb. 81: Oskar Kokoschka, Plakat für die Kunstschau 1908. Der junge Kokoschka zählt zu den von Klimt wohlwollend gesehenen Künstlern der jüngeren Generation.

Das neue Atelier in der Feldmühlgasse

Das Haus in der Josefstädterstraße, in dessen Gartentrakt Klimt über zwei Jahrzehnte im indigoblauen Leinenkittel und von leichtgeschürzten Modellen umgeben geschaffen hat, soll demoliert werden. In einer dörflich stillen Seitengasse unweit seines Geburtsortes Baumgarten, in der Feldmühlgasse im XIII. Wiener Gemeindebezirk Unter-St. Veit, findet sich 1912 ein neues Atelier. Arthur Roessler berichtet von der nunmehrigen Werkstatt: „In dieser Gasse ein niederer, grün gestrichener Lattenzaun, [...] dahinter ein dicht von Strauchdickicht durchwachsener Garten mit alten Bäumen, einigen Rasenplätzen und Blumenbeeten, und mitten in dieser eilandhaften grünen Pflanzenwirrnis ein schlichtes, eingeschossiges Landhaus mit hohen Fenstern. Aus diesem einfachen Haus, mit den glatt verputzten weißen Mauerflächen, schwarz gestrichenen Fensterrahmen und Türplatten, ist ein Mann herausgetreten und lauscht dem Flöten einer Amsel, die, im Zweigwerk einer Birke sitzend, die kleine Kehle fast zersprengt vor lauter Lebensjubel.“[17]

Klimt läßt das Gebäude inmitten eines üppig wuchernden, blumenreichen Gartens für seinen Bedarf herrichten, ein breites Atelierfenster mit Lüftungsklappen wird eingemauert. Die Wiener Werkstätten liefern das Mobiliar, zwei von Klimt geschaffene, heute verschollene Köpfe bewachen den Eingang. Egon Schiele erinnert sich: „Beim Eintritt kam man zuerst in einen Vorraum, von welchem die linke Tür in sein Empfangszimmer führte. In der Mitte stand ein quadratischer Tisch, ringsum hingen, unmittelbar beisammen, japanische Holzschnitte und zwei größere chinesische Bilder, am Boden lagen Negerplastiken, im Winkel beim Fenster stand eine japanische rot-schwarze Rüstung. Von diesem Zimmer gelangte man noch in zwei weitere Räume, von denen man den Ausblick auf Rosenstöcke hatte. Vom Vorraum nach rechts betrat man zuerst einen Raum, worin zwei Skelette aufgestellt waren, dann folgte ein Zimmer, an dessen einer Breitwand nur ein großer Schrank mit den schönsten chinesischen und japanischen Kleidern eingebaut war. Von hier kam man in die eigentliche Werkstätte. Klimt zeigte mir dort seine in Arbeit befindlichen Bilder. Er malte in Hietzing eine Reihe von Damenbildnissen und Figurenbildern – *Tod und Liebe*, *Leda*, *Jungfrau*, *Braut*, *Eva* und viele andere –, außerdem eine größere Anzahl der besten Landschaften vom Atter- und Gardasee."[18] Bei den Bildnissen aus der Feldmühlgasse, zu denen auch *Adele Bloch-Bauer II* gehört und das Bildnis der *Mäda Primavesi*, hat eine neue Farbigkeit den metallenen Ton der „goldenen Jahre" vollständig ersetzt. Das Dekor der früheren Schaffensphase ist verschwunden, so wie

Abb. 82: Vorraum zu Klimts Atelier in der Feldmühlgasse, 1918. Fotografie von Moriz Nähr.

Abb. 83: Klimts Atelier in der Feldmühlgasse (mit den Bildern, die dort nach seinem Ableben verblieben sind). Fotografie von Moriz Nähr.

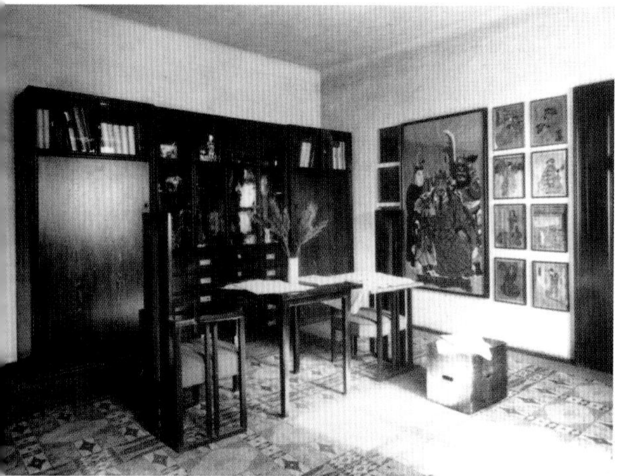

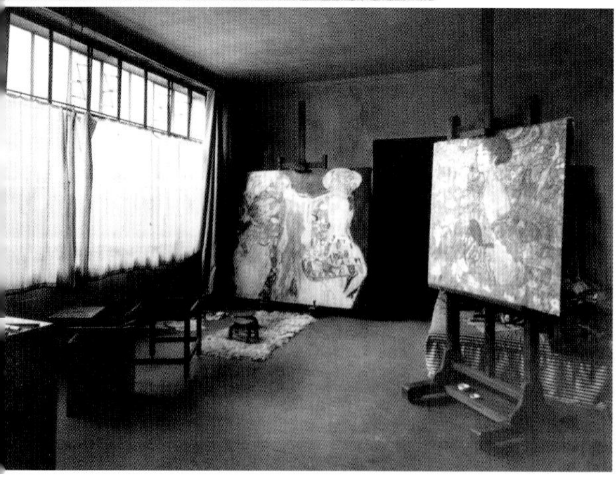

Klimt es 1909 unter dem Eindruck der Bilder von El Greco auf eine Postkarte angekündigt hat: „Aus ist's mit den Quadratln, naturalistisch ist der Trumpf!"

Das Mauerwerk des heute als Klimt-Villa geführten Gebäudes umfaßt zwar die Atelierräume Gustav Klimts, entspricht sonst aber nicht mehr dem Bauzustand zur Zeit seines Wirkens. In den 1920er Jahren wird das Objekt im damals zeitgemäßen neubarokken „Rosenkavalier-Stil" aufgestockt und mit einer Freitreppe versehen. Der Republik Österreich gelingt es 1954, das Gebäude von den Voreigentümern zu erwerben. Nach heftigen Kontroversen über den Erhalt und die zukünftige Nutzung des Gebäudes beschließen die Verantwortlichen, das ehemalige Klimt-Atelier in der Feldmühlgasse 11 der Öffentlichkeit zugänglich zu machen.

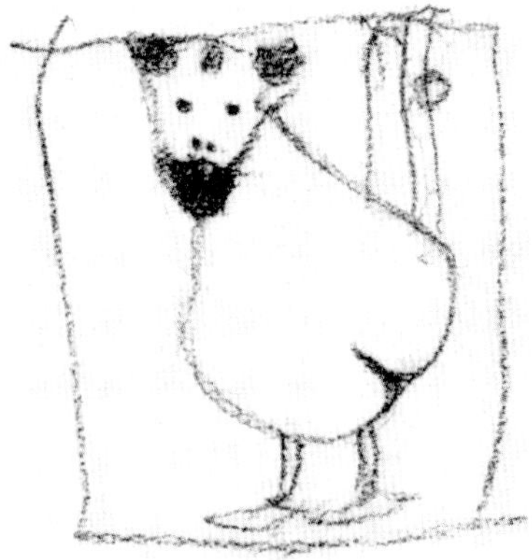

Abb. 84: *Selbstkarikatur* (Ausschnitt), um 1900.

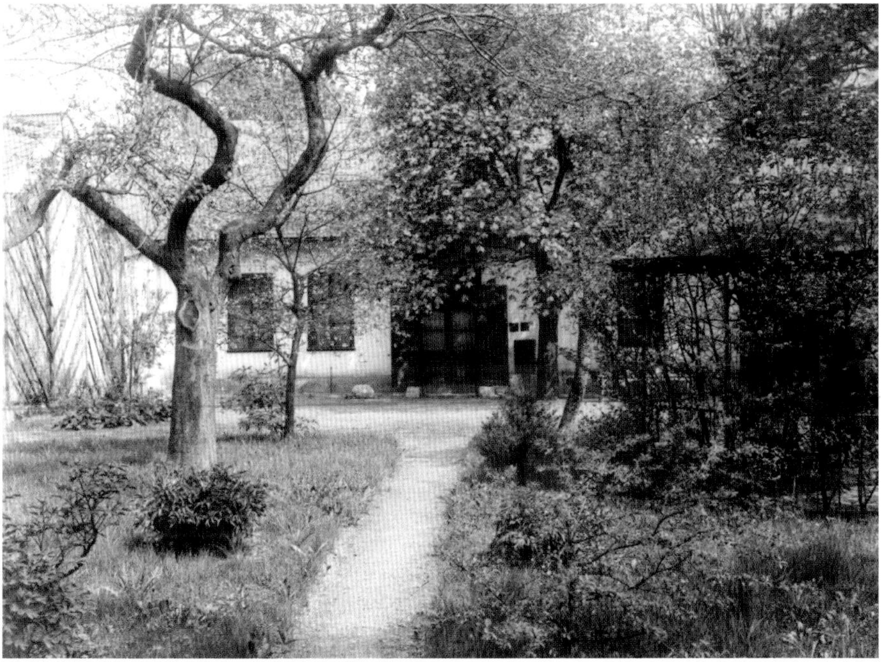

Abb. 85: Das Gebäude in der Feldmühlgasse, in dem sich Klimts letztes Atelier befand. Fotografie von Moriz Nähr.

Das Vergnügen einer Sommerfrische gönnt sich der begeisterte Naturliebhaber Klimt erstmals 1897 in Fieberbrunn in den Kitzbüheler Alpen, 1898 erholt er sich an der Seite von Emilie Flöge in St. Agatha am Hallstätter See. Hier entsteht auch das erste seiner Landschaftsbilder. Den Sommer des Jahres 1899 verbringt er in Golling bei Salzburg.

Ab 1900 weilen Klimt und Emilie Flöge sommers bevorzugt am Attersee, inmitten der atemberaubenden Kulisse des oberösterreichischen Salzkammerguts. Die Nachwelt verdankt diesen Sommeraufenthalten einige der schönsten Landschaftsbilder der neueren österreichischen Kunstgeschichte.

Fast ein Viertel der ungefähr 220 Gemälde von Klimt sind Landschaftsbilder vom Attersee: ruhige, zuweilen düstere, auf quadratische Leinwände geworfene Stimmungsbilder, idyllische Ausblicke ohne Menschen. Die merkwürdigen Ausschnitte der freien Natur betrachtet Klimt durch ein Opernglas, durch den Tubus eines Fernrohrs oder einen behelfsmäßigen

Abb. 86: Klimt und Emilie Flöge in Reformkleidern im Ruderboot (Attersee, 1909).

Abb. 87: Klimt mit Teleskop am Landungssteg der Villa Paulick in Seewalchen (Attersee, 1904).

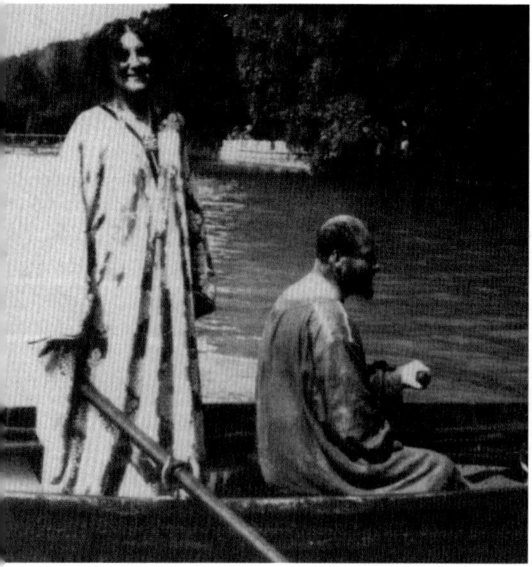

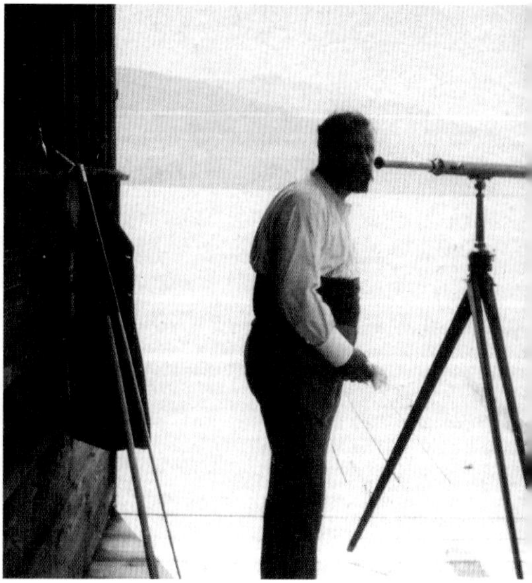

Sucher aus Pappendeckel. Später tut eine kleine Elfenbeinplatte ähnliche Dienste.

Einen Teil der Ferien verbringen die beiden in der Villa der mit Emilie verwandten Familie Paulick in Seewalchen. Zwischen 1908 und 1912 wohnen sie in der 1879 erbauten Villa Oleander in Kammer. Während dieser Aufenthalte malt Klimt elf Landschaftsbilder mit Atterseemotiven, darunter die vier Varianten des Schlosses Kammer. Immer wieder begegnet man dem Maler vor dem Bootshaus der Villa, von wo sich ein herrlicher Blick auf den See und die Umgebung bietet, nicht selten malt er vom Boot aus. Von einer Reise an den Gardasee im Sommer 1913 bringt Klimt die Bilder *Malcesine* und *Kirche in Cassone* mit. In den Kriegsjahren dient Weißenbach am Attersee als Sommersèjour, wo vor der Jahrhundertwende Gustav Mahler in einem Häuschen am See zu komponieren pflegte. Seine letzte Sommerfrische führt Klimt 1917 nach Mayrhofen im Zillertal.

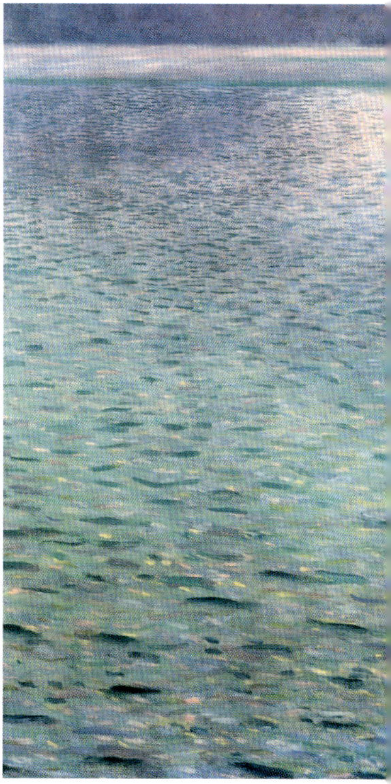

Abb. 88: *Insel im Attersee* (Ausschnitt), 1902. Öl auf Leinwand. Privatbesitz.

Leinwand und Malutensilien werden schon vorab von Wien ins Sommerquartier geschickt, auch Emilie Flöge wartet schon auf Klimt. Eine bunte Folge des Malens und Schwimmens, Ruderns, Kegelns, Wanderns und Ruhens sind diese Sommertage fern des Wiener Getriebes. Bei Regen läßt sich's am Fenster malen oder lesen, etwa in Dantes *Göttlicher Komödie* oder Goethes *Faust*. Während der Frühaufsteher im Stadtatelier den ganzen Tag fast pausenlos an der Staffelei steht, nimmt er sich am Attersee Zeit für sommerliche Vergnügungen. Die Fotos zeigen den entspannten Urlauber im Ruderboot oder im hellen Sommeranzug hinter lustwandelnden Damen. Im Garten der Villa Oleander demonstriert Emilie Flöge dem Vertrauten die Pracht eines neuen Reformkleides. Solcherart aufgenommen von einer unverbrauchten Landschaft und umgeben von wohlwollenden Menschen füllt Klimt heiter und mühelos seine Skizzenbücher.

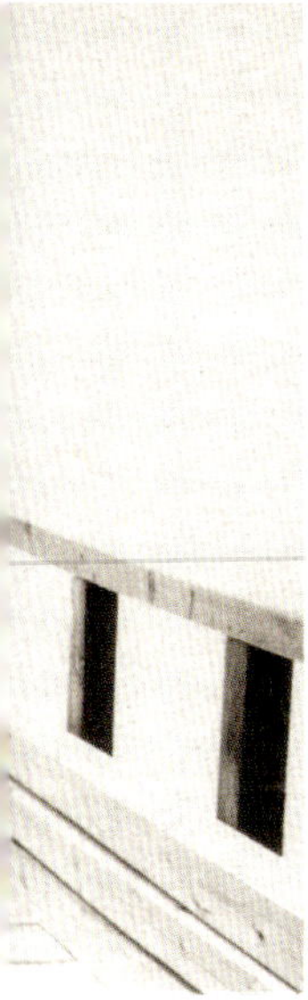

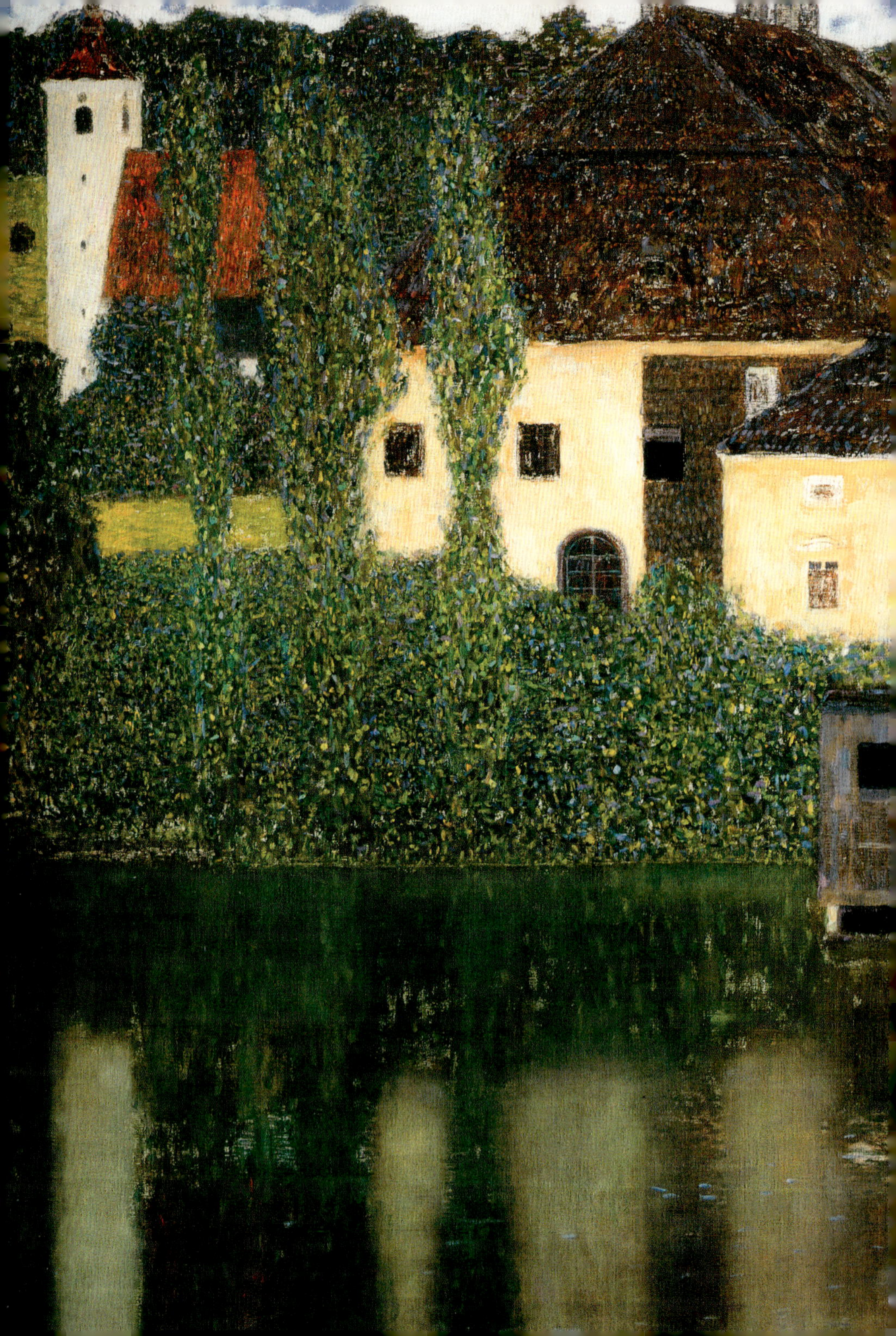

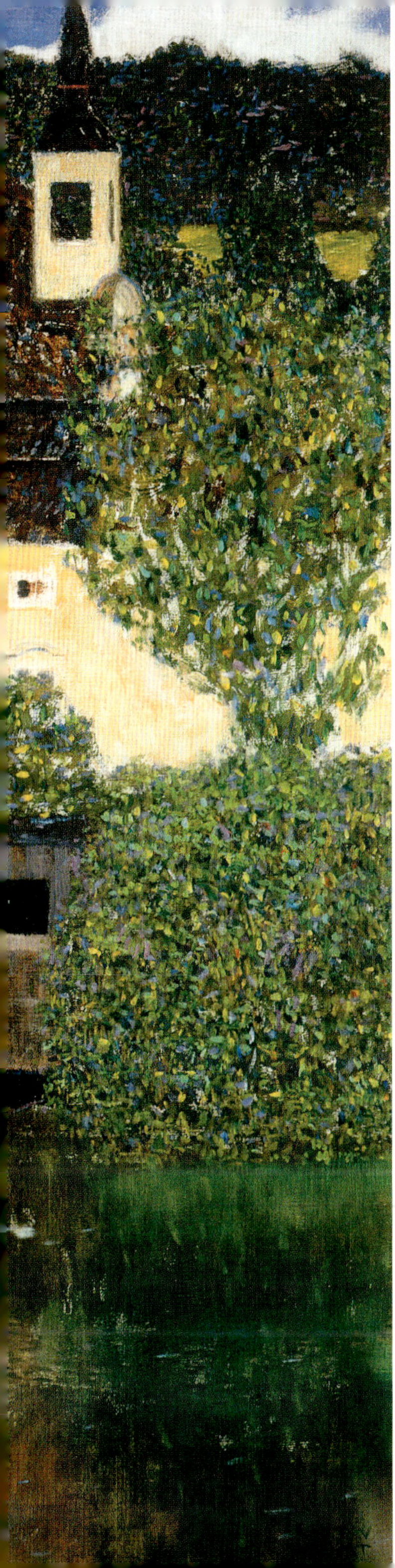

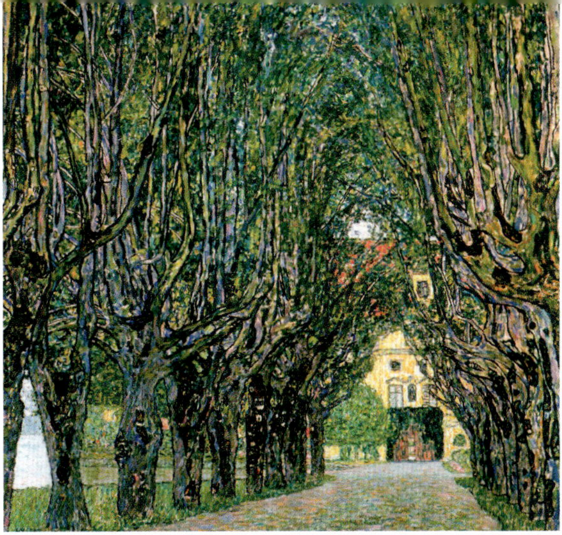

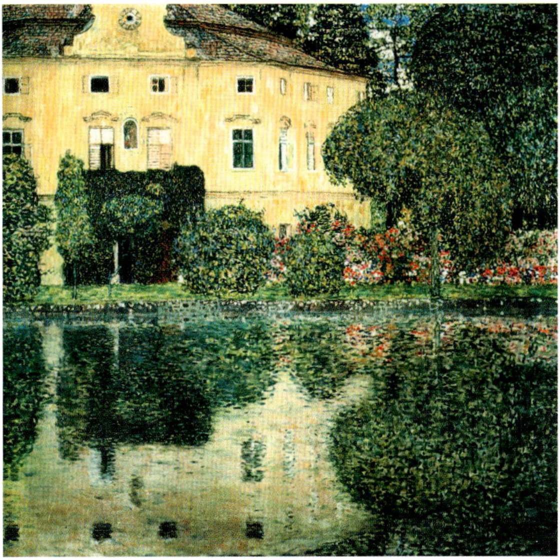

Abb. 89 *Schloß Kammer am Attersee I*, um 1908. Öl auf Leinwand. Nationalgalerie [Národní galerie], Prag.

Abb. 90: *Allee von Schloß Kammer*, 1912. Öl auf Leinwand, Österreichische Galerie, Wien.

Abb. 91: *Schloß Kammer am Attersee IV*, 1910. Öl auf Leinwand, Privatbesitz.

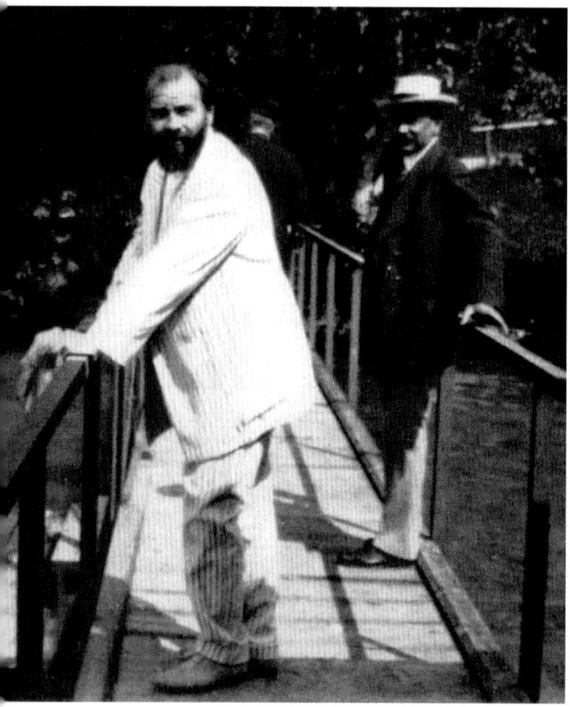

In einem Brief an seine Geliebte Mizzi Zimmermann schildert Klimt einen typischen Tag am Attersee: „Du willst eine Art Stundenplan wissen – die Tagestheilung – nun die ist wohl sehr einfach und ziemlich regelmäßig. Früh morgens, meist um 6 Uhr, ein wenig früher, ein wenig später – steh ich auf – ist das Wetter schön, geh ich in den nahen Wald – ich male dort einen kleinen Buchenwald (bei Sonne) mit einigen Nadelbäumen untermischt, das dauert bis 8 Uhr; da wird gefrühstückt, danach kommt das Seebad, mit aller Vorsicht genommen – hierauf wieder ein wenig malen, bei Sonnenschein ein Seebild, bei trübem Wetter eine Landschaft vom Fenster meines Zimmers – manchesmal unterbleibt dieses vormittägige Malen, stattdessen studiere ich in meinen japanischen Büchern – im Freien. So wird's Mittag, nach dem Essen kommt ein kleines Schläfchen oder Lektüre – bis zur Jause – vor oder nach der Jause ein zweites Seebad, nicht regelmäßig, aber meistens. Nach der Jause kommt wieder die Malerei – eine große Pappel in der Dämmerung bei aufsteigendem Gewitter. – Hie und da kommt statt dieser Abendmalerei eine kleine Kegelpartie in einem benachbarten kleinen Orte – jedoch selten – es kommt die Dämmerung – das Nachtmahl – dann zeitlich zu Bette und wieder zeitlich morgens heraus aus den Federn. Ab und zu ist dieser Tagestheilung noch ein kleines Rudern eingeschaltet, um die Muskeln ein wenig aufzurütteln. [...] Das Wetter ist hier sehr unregelmäßig – gar nicht heiß und oft durch Regen unterbrochen – ich bin mit meiner Arbeit für alle Eventualitäten gerüstet, welche Thatsache sehr angenehm ist."[19]

Abb. 92: Auf dem Bootssteg am Attersee, um 1910.

Abb. 93: *Kirche in Unterach am Attersee*, 1915/16. Öl auf Leinwand. Privatbesitz.

Abb. 94: *Häuser in Unterach am Attersee*, 1915/16. Öl auf Leinwand. Privatbesitz.

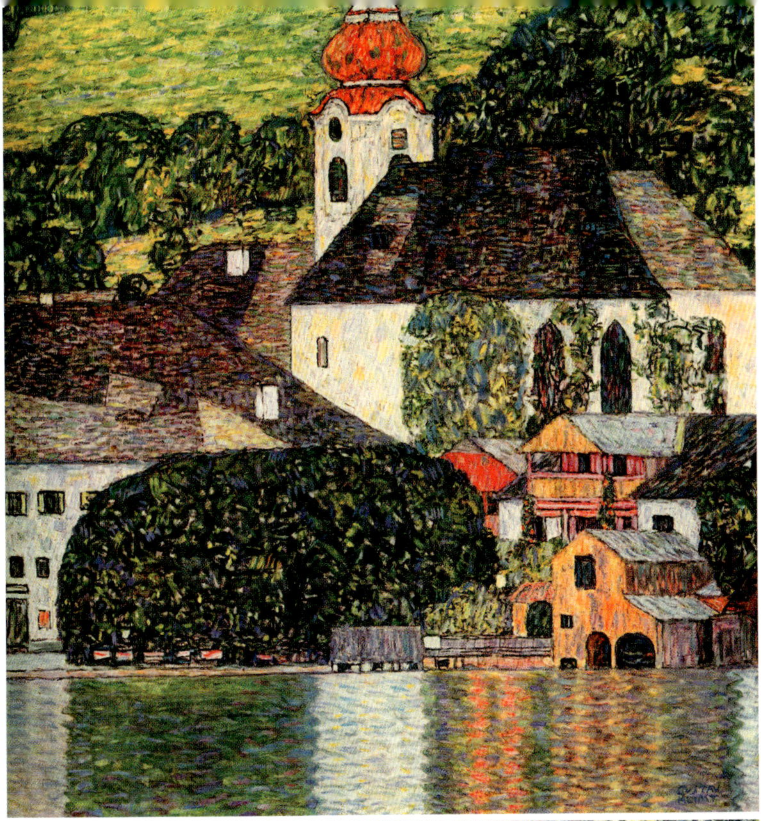

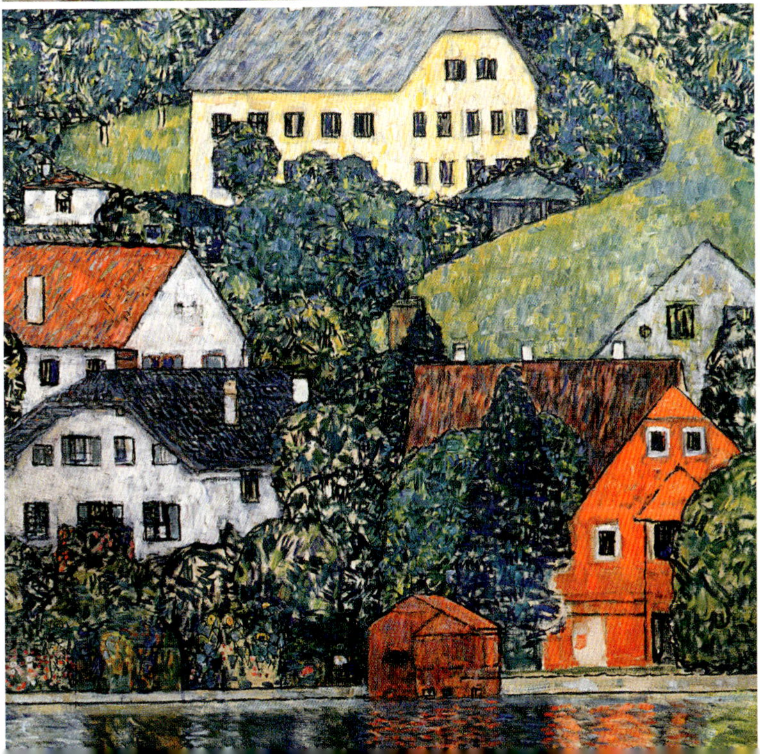

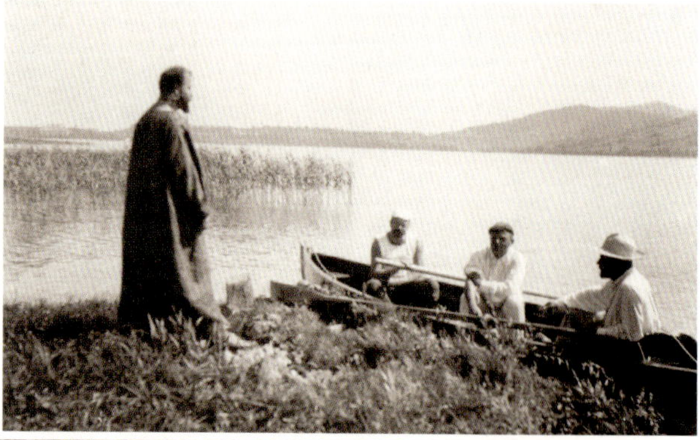

Abb. 95: Klimt im Reformkleid spricht am Seeufer bei Litzlberg mit Bekannten, 1905.

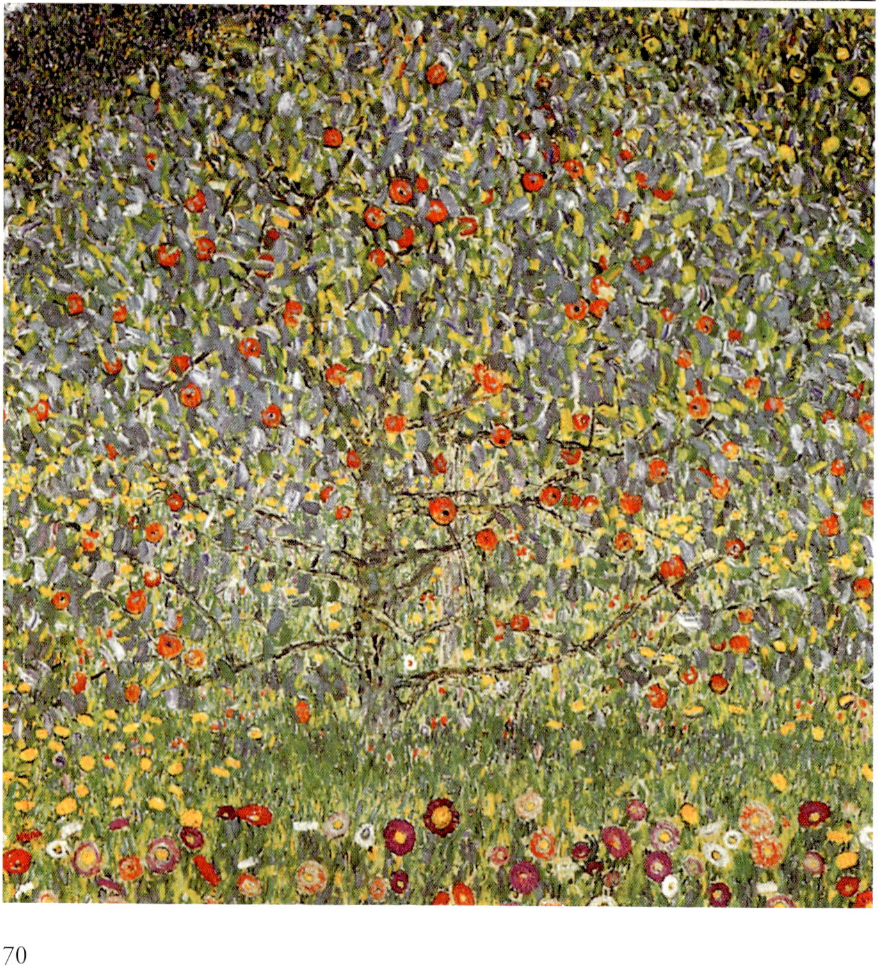

Abb. 96: *Apfelbaum I,* um 1912. Öl auf Leinwand. Privatbesitz.

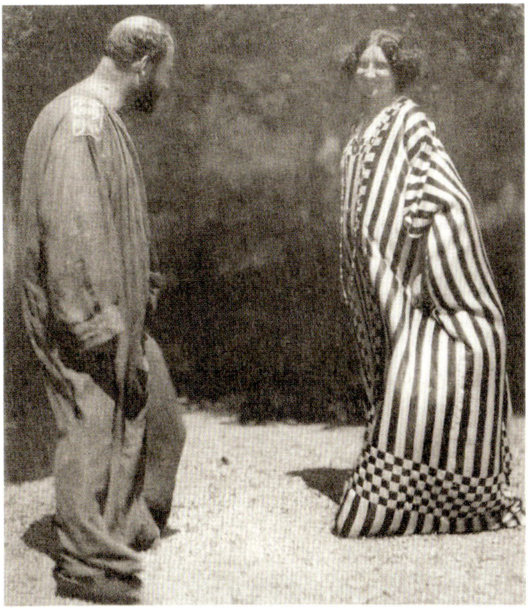

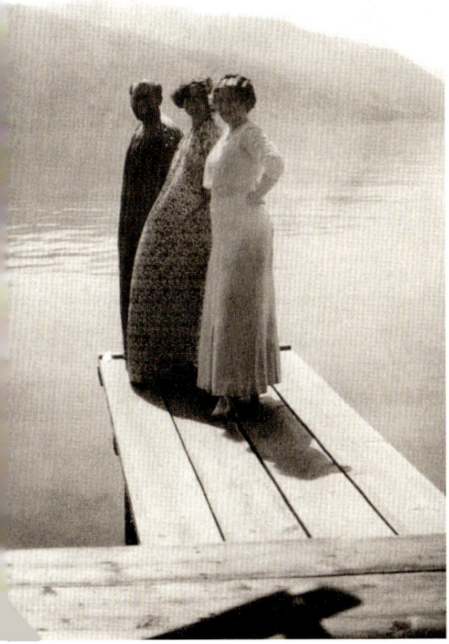

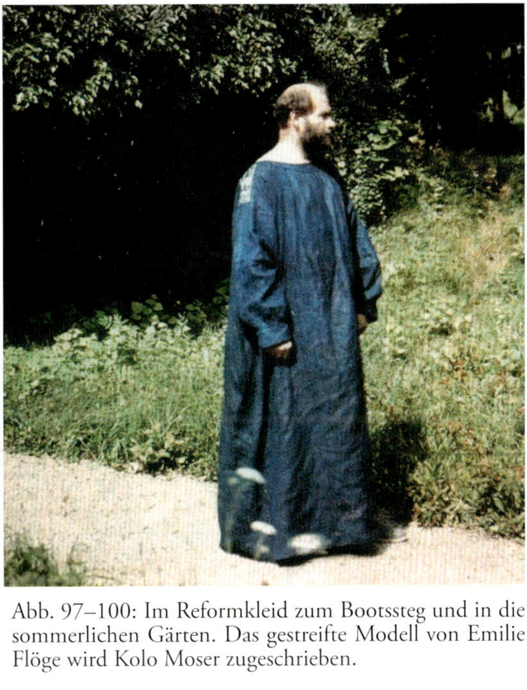

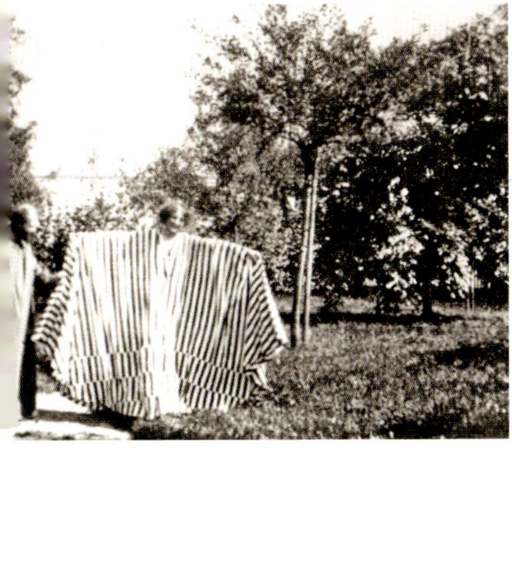

Abb. 97–100: Im Reformkleid zum Bootssteg und in die sommerlichen Gärten. Das gestreifte Modell von Emilie Flöge wird Kolo Moser zugeschrieben.

Die letzten Jahre

Der Weltkrieg läßt das Kunstleben bald erlahmen, die Zeiten sind schlecht und trüb, immer dunkler wird Klimts Palette, immer farbloser seine Landschaften. Zudem ist Klimts Malweise längst Ziel feindseliger Kritik. Spott und Hohn gießt Karl Kraus über den Meister, mit verletzender Polemik zieht Adolf Loos gegen Klimt zu Felde. Den Willen zur ornamentalen Verschönerung geißelt er als Maskerade der Wirklichkeit, als Werkzeug zur Entmündigung. Schon schmähen die Expressionisten die „Stilkünstler“ als überholt, so wie auch diese einst die antiquierten Historienmaler geringschätzten. Klimt muß erkennen, daß die Jahre der großen Erfolge hinter ihm liegen und daß die Jugend neue Wege sucht. Trotz der Freundschaft mit Schiele klagt er betrübt vom Unverständnis der Jungen. Ganze Generationen von Kunsthistorikern werden sich bald an ihm abarbeiten, werden seine idealistische Malerei anprangern wie seine Neigung zum Ästhetizismus, werden ihm vorwerfen, daß er die soziale Wirklichkeit nicht abbildet, wie man es gerade wünscht.

Abb. 101: *Sitzende Frau mit gespreizten Schenkeln*, 1916/17. Zeichnung mit Bleistift und rotem Farbstift, weiß gehöht. Privatbesitz.

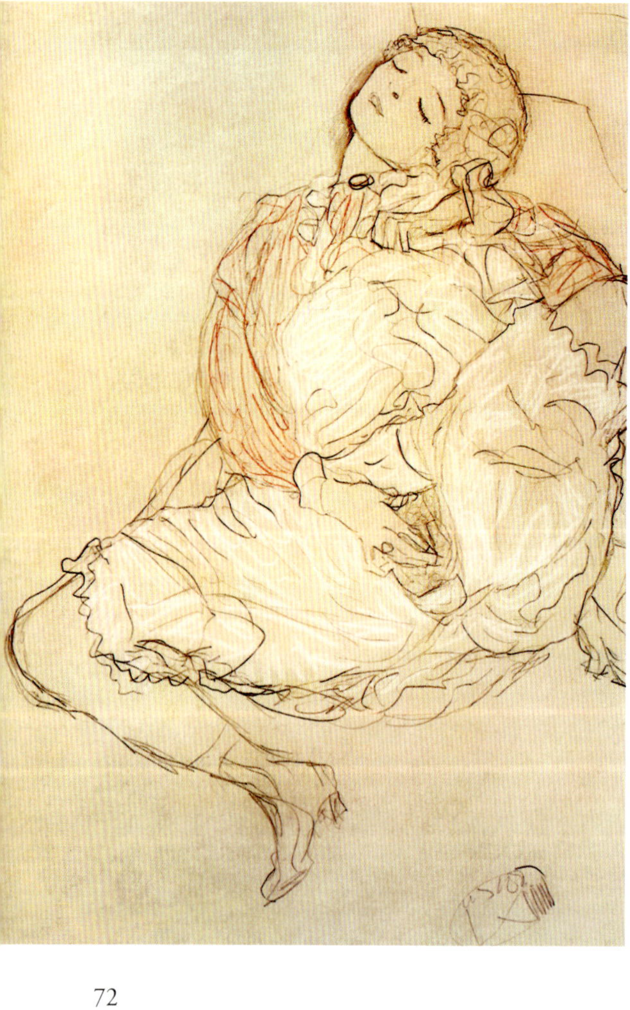

Klimt ist 52 Jahre alt, als die Monarchie 1914 in den großen Krieg hineinschlittert, so bleibt ihm des Kaisers Waffenrock erspart. Müde und der Ruhe bedürftig begibt sich der Maler zwischen 1912 und

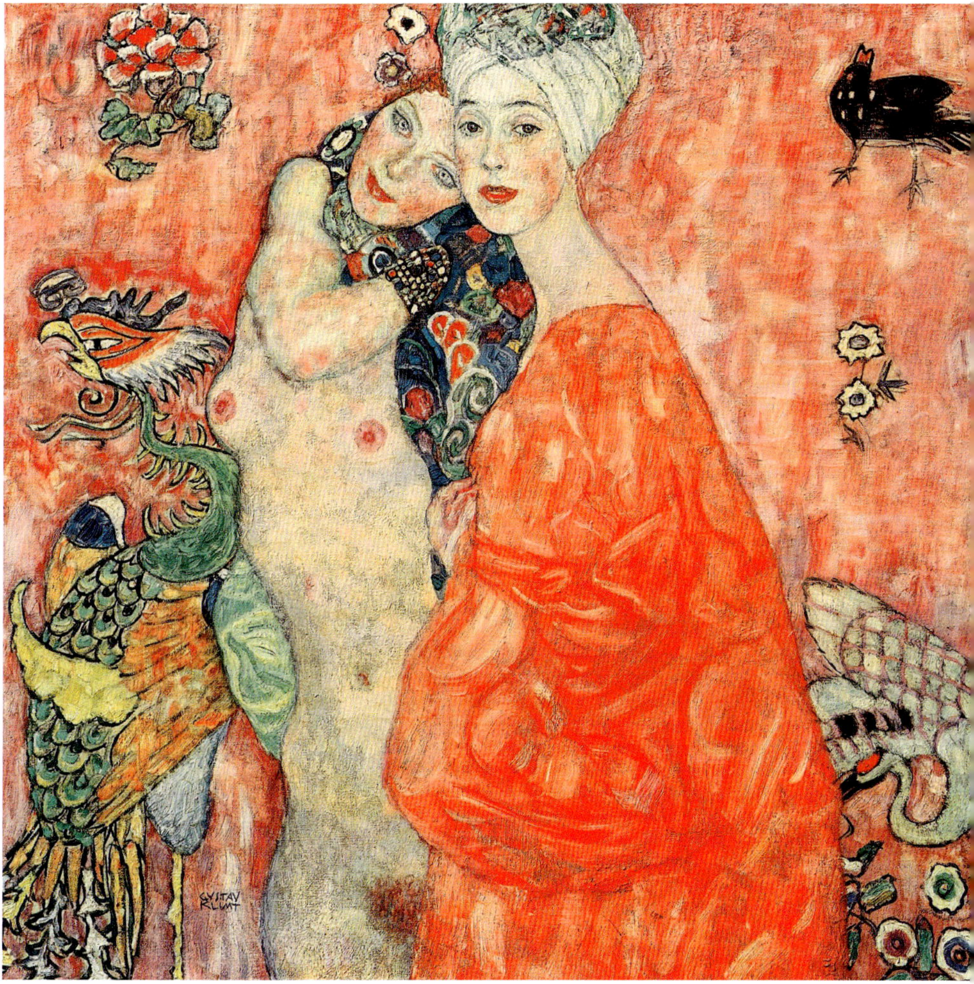

Abb. 102: *Freundinnen II*, 1916/17. Öl auf Leinwand. 1945 verbrannt auf Schloß Immendorf, Niederösterreich.

1917 sechs Mal zur Kur nach Badgastein in die Salzburger Alpen. In die Stirn sind Furchen gegraben, der Leib ist rundlich geworden. Jetzt rächt sich die Extraschüssel Schlagobers, die sich Klimt so gern zum Guglhupf bestellt. Die Mühen der reifen Jahre stellen sich ein: Der Rücken schmerzt, ein Monokel muß her.

Als die Mutter 1915 stirbt, bleibt Klimt mit den beiden unverheirateten Schwestern Klara und Hermine in der Wohnung in der Westbahnstraße zurück. Daß ihm

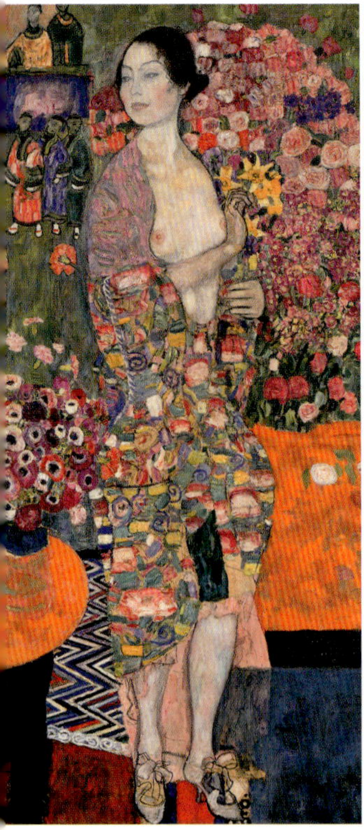

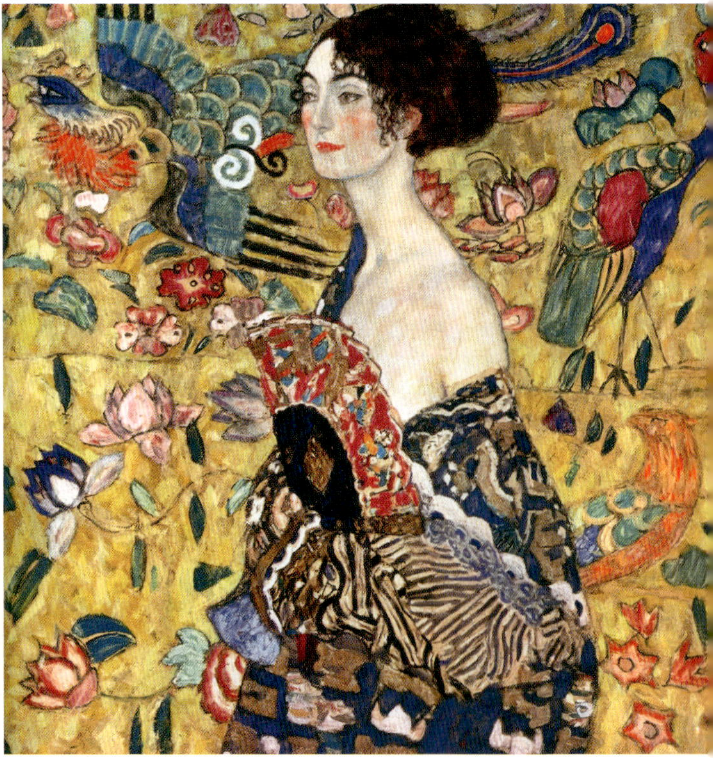

Abb. 103: *Die Tänzerin*, 1916/17. Öl auf Leinwand. Privatbesitz. Derzeitiger Ausstellungsort: Neue Galerie, New York.

Abb. 104: *Dame mit Fächer*, 1917. Öl auf Leinwand. Privatbesitz.

die Akademie der Bildenden Künste sowohl in Wien als auch München 1917 die Ehrenmitgliedschaft verleihen, kann nicht darüber hinwegtäuschen, daß es stiller geworden ist um ihn. Der Alltag ist grau, der Krieg findet kein Ende, die Krankheit wirft ihre Schatten voraus. Schon munkeln die Wiener, daß Klimts Schaffenskraft nachlasse – den Bildern sieht man das freilich nicht an.

Immer mehr zieht sich der Künstler von den Menschen zurück, die für seine Bilder kein Verständnis zu haben scheinen, wie es Peter Altenberg, selbst von ähnlichem Schicksal betroffen, auf eine Zeichnung Klimts schreibt. Der Kaiser stirbt zwar, aber der Tod der Monarchie läßt weiter auf sich warten. Immer noch stehen die Truppen der Mittelmächte tief im Feindesland. Zum Jahreswechsel 1917/18 weilt er zu einem letzten Besuch bei den Primavesis im nordmährischen Winkelsdorf, dann kehrt er zurück ins kalte Wien.

Am 11. Januar 1918 erleidet er beim morgendlichen Ankleiden in seiner Wohnung einen Schlaganfall, von dem er sich nicht mehr erholt. Ein schneller Tod ist ihm nicht vergönnt, halbseitig gelähmt liegt er wochenlang in einem Sanatorium, Frauenhände pflegen den Hilflosen rund um die Uhr. Emilie Flöge hält bei ihm aus, ihr kann er von seinen Sorgen erzählen, von seiner Verzweiflung. Eine Lungenentzündung erzwingt am 3. Februar die Überstellung ins Allgemeine Krankenhaus, da versucht man noch, die vom Liegen herrührenden Geschwüre und Wundstellen zu versorgen. Dann, in den Morgenstunden des 6. Februars 1918, ist das Martyrium zu Ende.

Egon Schiele eilt herbei und zeichnet den Freund in der Totenkammer. Fast erkennt er ihn nicht, denn Klimt ist seines stattlichen Bartes beraubt. Daß er dem Verblichenen schon in wenigen Monaten nachfolgen wird, ahnt Schiele genauso wenig, wie daß auch Kolo Moser, Otto Wagner und Ferdinand Hodler das letzte Kriegsjahr nicht überleben werden.

Die Angehörigen lehnen das Ehrengrab der Stadt Wien ab und lassen den Toten am 9. Februar zu den Klängen von Schuberts *Allerseelen* auf dem Hietzinger Friedhof zur Ruhe betten. Geld hat der Verstorbene nicht viel hinterlassen. Was an Korrespondenz da ist, geht verloren. Die Stapel von Graphiken aus seinem Nachlaß teilen Emilie Flöge und die beiden Schwestern unter sich auf, ebenso die unvollendeten Bilder, die noch auf der Staffelei stehen.

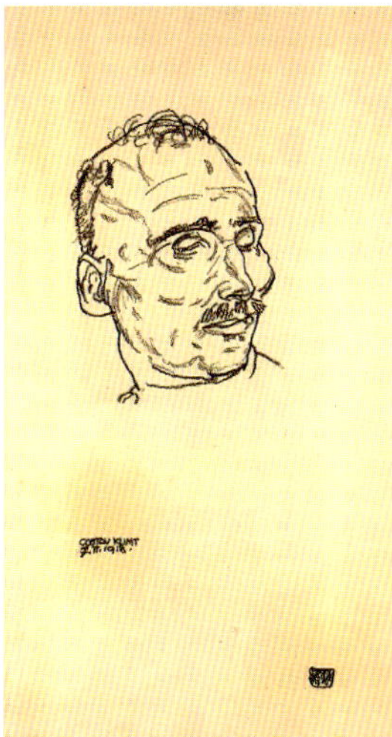

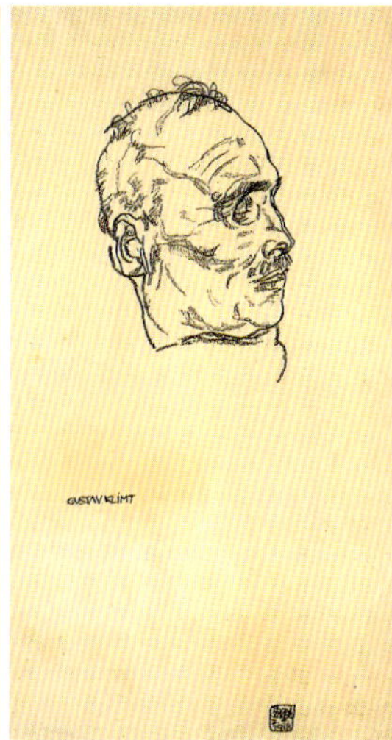

Abb. 105 u. 106: Egon Schiele, *Der tote Gustav Klimt*. Schwarze Kreide. Gezeichnet in der Totenkammer des Allgemeinen Krankenhauses in Wien am 7.2.1918. Leopold Museum, Wien.

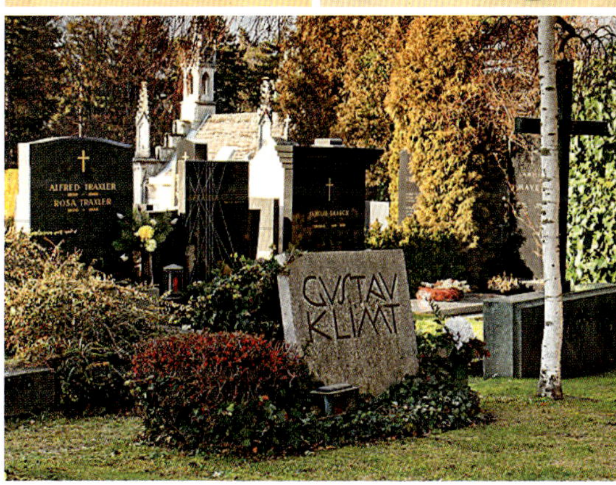

Abb. 107: Klimts Grab auf dem Hietzinger Friedhof. Fotografie von Julius Silver.

II. Klimts Welt in weiblicher Gestalt

Klimts Liebschaften haben die Öffentlichkeit immer interessiert – aber da er und seine Gespielinnen in dieser Hinsicht verschwiegen waren, müssen wir uns leider mit Tratsch begnügen. Der eine weiß vom alternden Hagestolz, der mit Mutter und Schwestern unter einem Dach lebt und den heiligen Ehebund scheut; ein anderer wieder blickt neidisch auf die erotischen Eskapaden mit jungen Aktmodellen; ein Dritter berichtet

Abb. 108: *Die Jungfrau*, 1913. Öl auf Leinwand. Nationalgalerie, Prag.

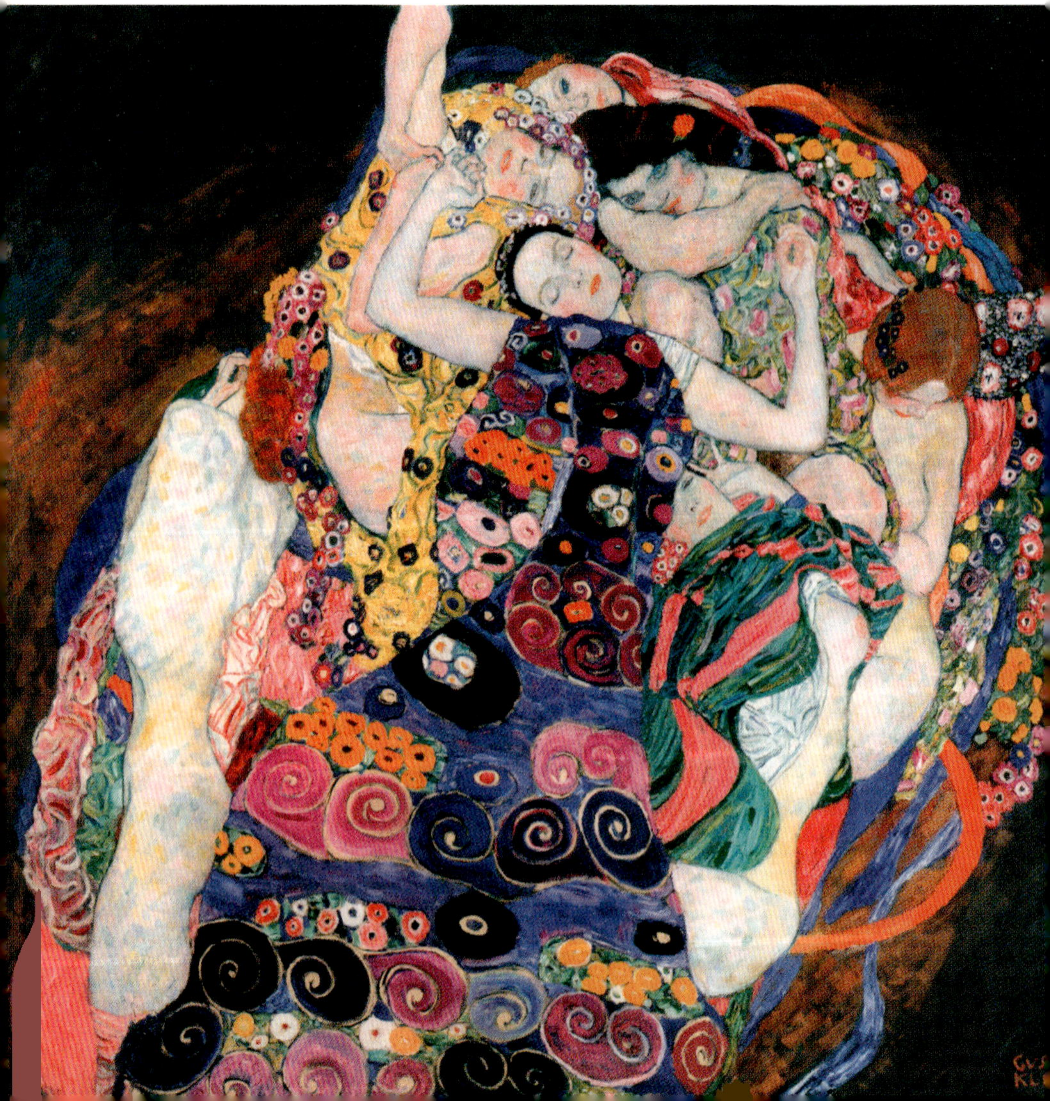

vom ausschweifenden Lebensstil des Lotterbuben und von einer Schar illegitimer Kinder, angeblich 14 an der Zahl.

In seinem Atelier, so der Kunstkritiker Franz Servaes (1862–1947), „war er von geheimnisvoll-nackten Frauenwesen umgeben, die, während er stumm vor seiner Staffelei stand, in seiner Werkstatt auf und nieder wandelten, sich räkelten, faulenzten und in den Tag hineinblühten – stets auf den Wink des Meisters bereit, gehorsam stillzuhalten, sobald dieser eine Stellung, eine Bewegung erspähte, die in rascher Zeichnung flüchtig festzuhalten seinen Schönheitssinn reizte."[20] Auch in dem Bildnis des Wiener Malers Remigius Geyling (1878–1974), auf dem freundliche Nackte Klimt Speis und Trank kredenzen, tritt die illusorische Vorstellung eines von Frauen umflorten Künstlergenies zutage.

Die großzügig bezahlten Modelle müssen jedenfalls nicht nur passiv sitzen, liegen oder stillstehen, sondern oft lange Zeit in unbequemen Positionen verharren. Auch das Posieren nach Art abgebrühter Dirnen dürfte manchem einfachen Wiener Vorstadtmädel nicht leichtgefallen sein.

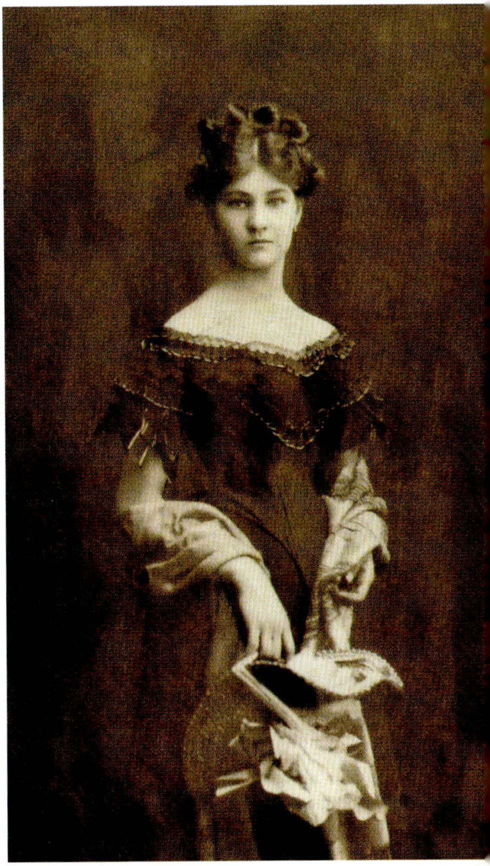

Abb. 109: Modell, Geliebte, Mutter: Mizzi Zimmermann.

Aus der Vielzahl der jungen Frauen, die Klimt für fünf Kronen die Stunde Modell stehen läßt, sticht Maria Zimmermann hervor, die „liebe Mizzi", die wir im Gemälde *Hoffnung I* wiederfinden und zudem im Fakultätsbild der *Medizin* betrachten dürfen. In *Schubert am Klavier* begegnen wir dem Gesicht dieser Schönen ebenfalls. Daß es nicht beim Abmalen bleibt, ist amtskundig. Mizzi Zimmermann schenkt Klimt zwei Söhne und bleibt ihm bis an sein Ende verbunden: Im Sommer 1899 wird Söhnlein Gustav geboren, drei Jahre später Otto, der jedoch im Kleinkindesalter stirbt. Eine Zeichnung des toten Knaben aus der Hand Klimts ist uns erhalten.

Klimt schreibt dem „wertlosen Frauenzimmer", wie Alma Mahler-Werfel (1879–1964) ätzt, liebevolle Briefe und Ansichtskarten. Auch Mizzi Zimmermann sucht seine Nähe, zieht in eine Wohnung nahe Klimts neuem Hietzinger Atelier.

Zu den beiden Söhnen mit Maria Zimmermann kommt am 6. Juli 1899 ein Sohn mit Fräulein Marie Učická, einem Wäschermädel aus Prag. Nach dem Vater wird das Kind auf den Namen Gustav getauft. Als Filmregisseur wird es Gustav Ucicky (1899–1961) zu einiger Bekanntheit bringen, die Karriere im Dritten Reich macht ihn der Nachwelt jedoch anrüchig. Die Bilder seines Vaters, die Ucicky erwerben kann, vermacht er testamentarisch der Österreichischen Galerie. Weitere elf Kinder, die nach Klimts Tod als

Abb. 110: *Die Braut*, 1917/18 (unvollendet). Öl auf Leinwand. Privatbesitz. An diesem unvollendeten Bild erkennt man Klimts Gewohnheit, die unverhüllten Frauenleiber zunächst ins Detail genau zu malen, ehe die Blößen mit Kleidungsstücken verdeckt werden. Derzeitiger Ausstellungsort: Österreichische Galerie, Wien.

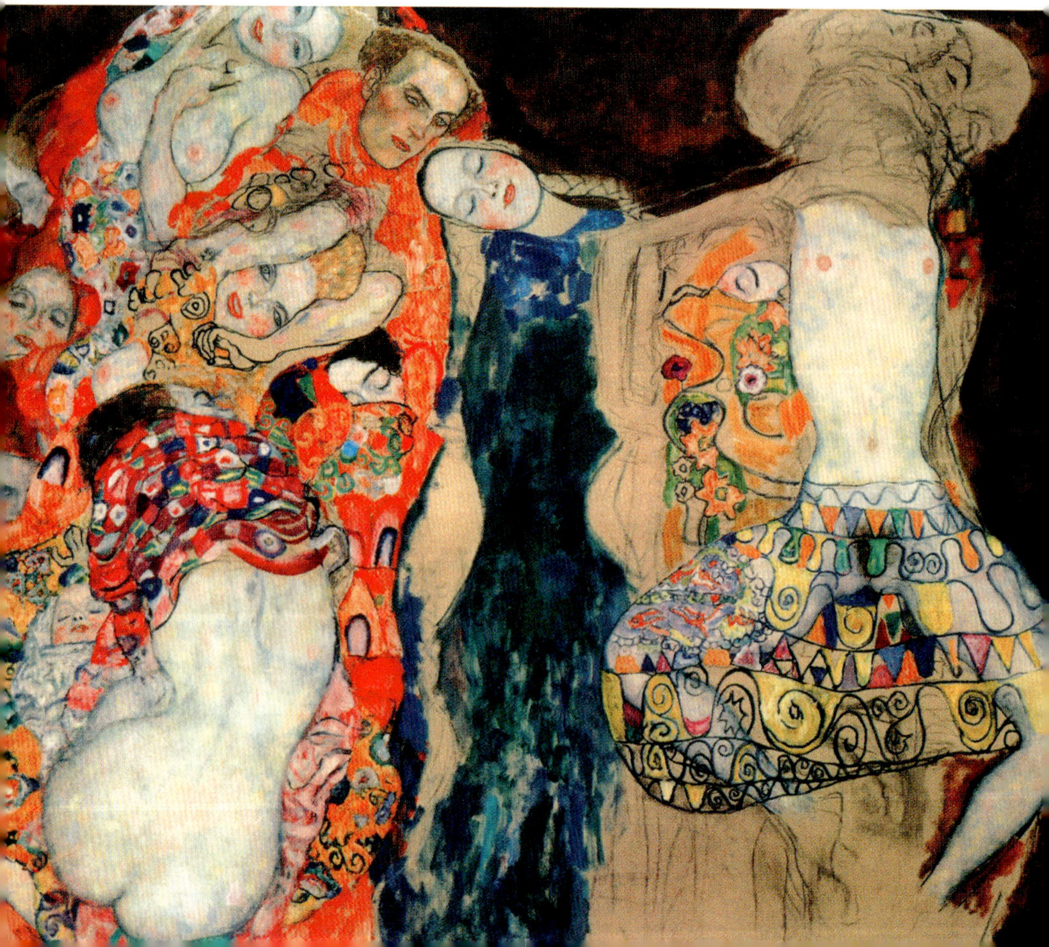

Anwärter für sein Erbe in Erscheinung treten, werden aus Mangel an Beweisen nicht legitimiert.

In seinen Werken hat niemand der Frauenschönheit mehr gehuldigt als Klimt, niemand inniger – um mit dem Prager Kunsthistoriker Hans Tietze (1880–1954) zu sprechen – das „Loblied auf den bestrickenden Zauber des weiblichen Körpers“ gesungen. Schon in seinen frühen naturalistischen Werken rückt Klimt die erotische Seite der Weiblichkeit in den Vordergrund. Das ist ein Gegenentwurf zur Welt des Historismus. „Klimt malt die Frau seiner Zeit. Die Struktur ihres Gerüstes, die Kontur ihrer Formen, die Modellierung ihres Fleisches, die Maschinerie ihrer Bewegungen hat er bis in die geheimsten Wesensfasern verfolgt und seinem Gedächtnis für immer eingeprägt. Auf diesem sicheren, festen Boden stehend, variiert er das Thema des Weibes in all seinen Beziehungen zur Schöpfung, zur Natur. Bald grausam wollüstig, bald heiter sinnlich, malt er Frauen voll rätselhaftem Reiz. Der schillernde Fleischton ihres schlanken Körpers, der phosphoreszierende Glanz der Haut, der quadratische Schnitt des breitgewölbten Schädels und die sündhaft rötliche Mähne geben ein Ganzes von tiefster psychologischer und malerischer Wirkung. Im Portrait schafft er nervige, rassige, lebensdurstige oder lebensverträumte Frauengestalten, die alle trotz ihrer charakteristischen Verschiedenheiten von Klimts Gnaden sind. Als Idealfigur aber löst er den Frauenkörper in herrliche, dekorative Linien auf. Alles Zufällige, alles Individuell-Charakteristische fällt ab, nur das rein Typische, der sublimierte Extrakt des modernen Frauentypus, wie der Künstler ihn ausgelöst hat, bleibt in vollster Stilreinheit zurück.“[21]

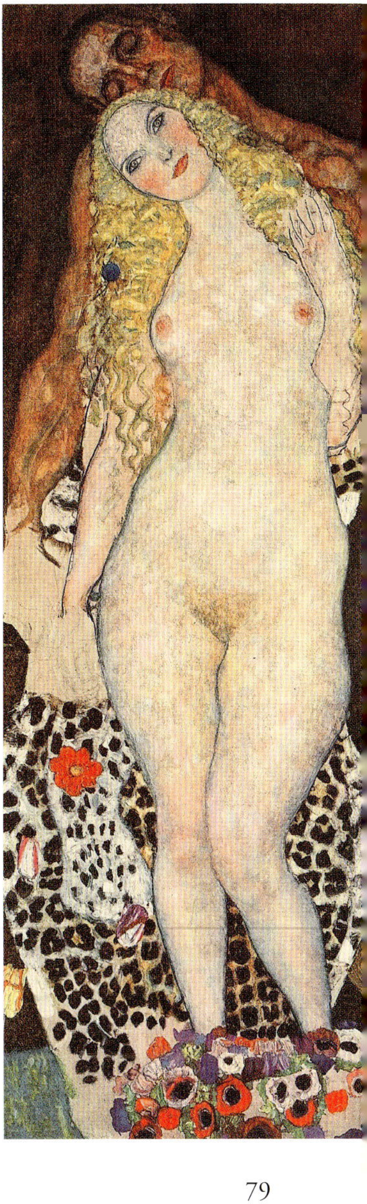

Abb. 111: *Adam und Eva*, 1917/18 (unvollendet). Öl auf Leinwand. Österreichische Galerie, Wien. An diesem Bild arbeitete Klimt unmittelbar vor seinem Ableben.

Emilie Flöge (1874–1952)

Klimt nennt die Tochter des wohlhabenden Meerschaumpfeifenfabrikanten Hermann Flöge (1837–1897) zärtlich Midi. Ihre Schwester Helene ist die Witwe seines frühverstorbenen Bruders Ernst. So sind die Bande auch verwandtschaftlicher Natur: Emilie Flöge ist eine Tante von Klimts Mündel Helene.

Abb. 112 u. 113: Emilie Flöge, 1909.

Abb. 114: Gustav Klimt und Emilie Flöge, um 1899.

Abb. 115: Emilie Flöge in jungen Jahren, 1910.

Seit den 1890er Jahren arbeiten Emilie und Helene Flöge in einer Lehranstalt für Kleidermacher, einer Unternehmung ihre Schwester Pauline. Die Schneiderei der Flöge-Töchter erreicht rasch Bekanntheit, 1899 wird ihr die Fertigung von Batistkleidern überantwortet, die bei einer Ausstellung über Kochkunst gezeigt werden sollen. Zu diesem Zeitpunkt leben die Schwestern zusammen mit der Mutter in einer Wohnung in der Mariahilfer Strasse 13. Erst 1903 zieht die Familie in die Mariahilfer Straße 1b, wo auch Platz ist für einen Modesalon.

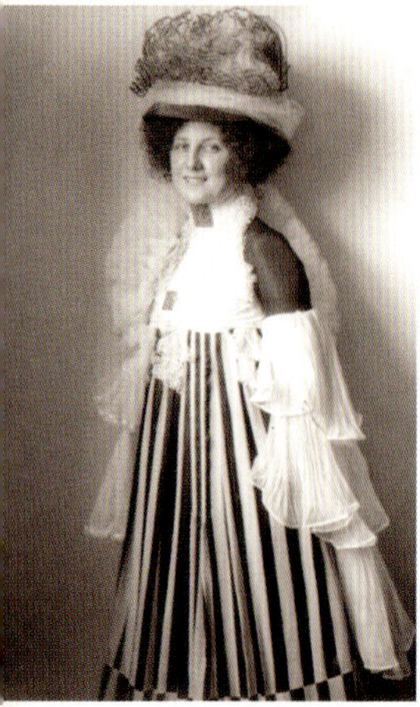

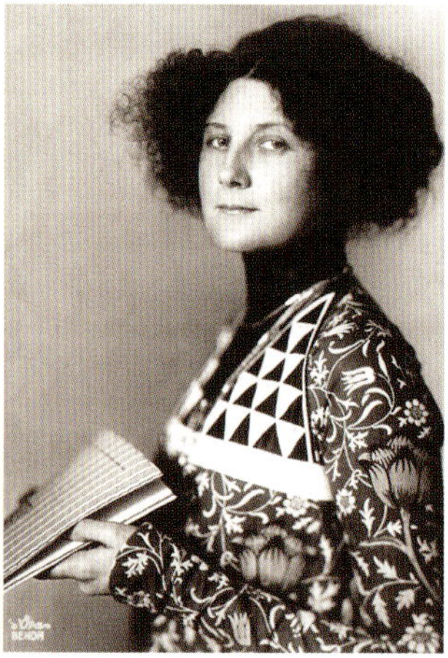

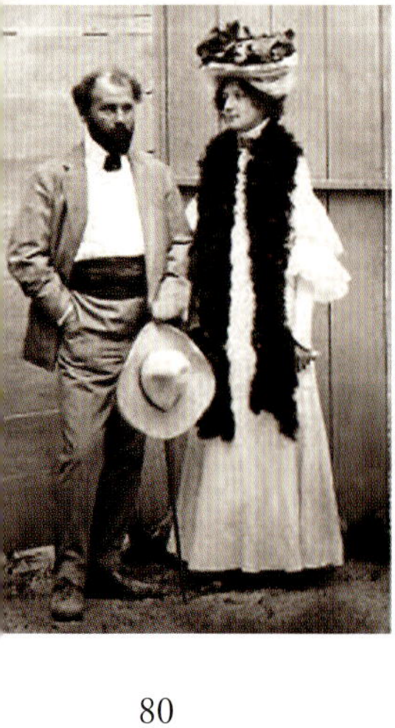

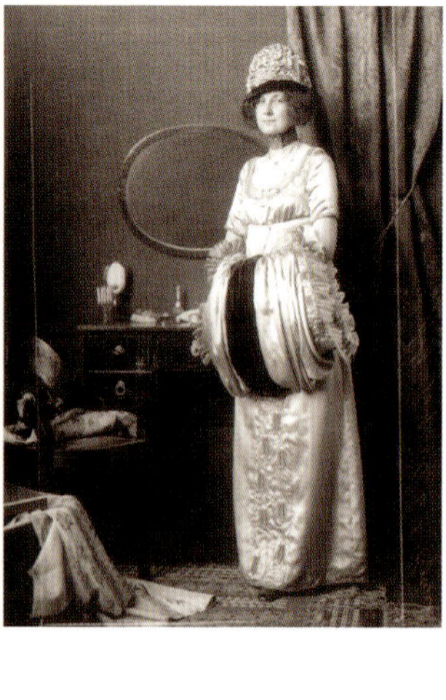

Als die Schwestern 1904 ein Modegeschäft für betuchte Kundschaft eröffnen, gelingt der Aufstieg zu einem der vornehmsten Salons der Stadt. Bis zu achtzig Schneiderinnen und Gehilfinnen nähen hier für die Damen von Welt. Das von Josef Hoffmann entworfene Geschäft kann sich sehen lassen: Ein edler Salon mit weißen Schleiflackwänden, modernen Vitrinen und schwenkbaren Spiegeln, dazu grauer Filzfußboden. Im Jugendstilsalon führen die Schwestern Flöge den vornehmen Wienerinnen die neuesten Modetrends aus Paris und London vor. Emilie Flöge pilgert höchstselbst an die

Seine, um mit eigenen Augen die Entwicklungen der Modebranche zu sehen. So weitverzweigt sind die Beziehungen Emilie Flöges schließlich in der guten Wiener Gesellschaft, daß sie Klimt den Zugang zum bürgerlichen Wien eröffnen kann. Die Schwestern leisten sich einen gehobenen Lebensstil, beschäftigen eine Köchin, ein Stubenmädchen und einen Herrschaftschauffeur.

Auch das korsettfreie Reformkleid bieten sie in ihren vornehmen Hallen an, das damals als bequemes und „gesundes“ Kleidungsstück propagiert wird. Die Chefin selbst und ihr Freund Gustav Klimt sind auf manchen Bildern in Reformkleidern zu sehen. In der Welt der *Haute Couture* kann sich der Kittel jedoch nicht durchsetzen. Gemeinsam mit Emilie dürfte Klimt einige Stoffe für den Salon Flöge entworfen haben. Zehn Modelle aus dieser Zusammenarbeit werden 1906 in der Zeitschrift *Deutsche Kunst und Dekoration* vorgestellt, weitere Modelle, die Klimt und Flöge am Attersee fotografiert haben, liegen in der Mustermappe des angesehenen Salons für die Kundschaft aus.

Klimt hat Emilie Flöge erstmals 1895 auf dem Bild *Der Hanswurst auf der Stegreifbühne zu Rothenburg* in Farbe gebannt. Das berühmte *Damenbildnis von Emilie Flöge* vor ornamentalem Hintergrund stammt aus dem Jahr 1902, doch war Klimt so unzufrieden mit dem Bild, daß er es kurzerhand verkaufte. Das Versprechen, bei Gelegenheit Ersatz zu schaffen, hat er nicht eingelöst. Ob es Emilie Flöge ist, die Klimt im Gemälde *Der Kuß* umarmt, wissen wir genau so wenig wie pikante Details aus ihrem Liebesleben.

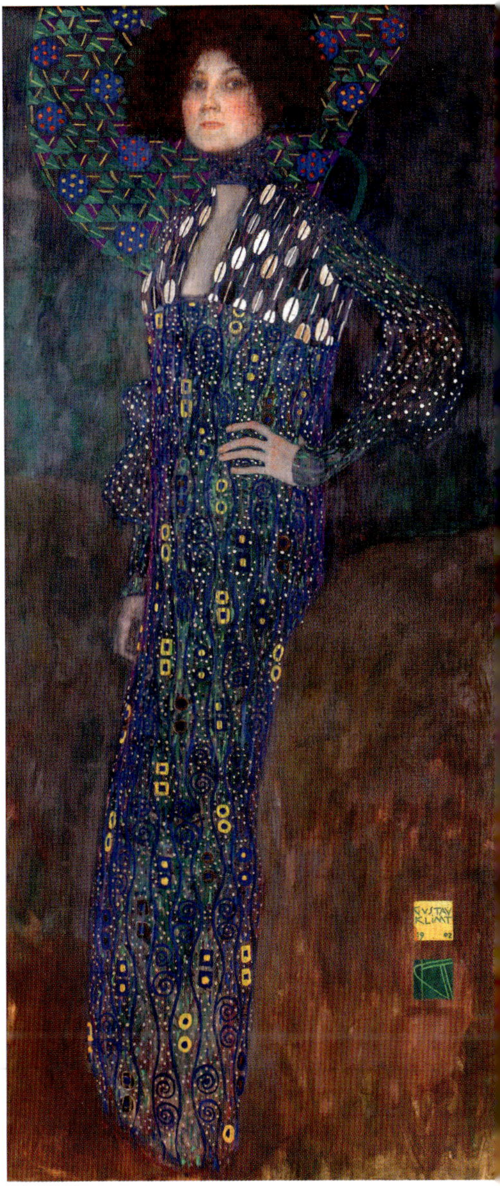

Abb. 116: Bildnis *Emilie Flöge*, 1902/03. Öl auf Leinwand. Wien Museum.

An die 400 Postkarten schickt Klimt seiner Emilie ab dem 14. April 1897, nicht selten mehrere täglich. Auf den später aufgefundenen Postkarten wird meist Banales mitgeteilt, zuweilen uns unverständliche Kürzel. So läßt uns die am 11. Juli 1909 geäußerte Frage einigermaßen ratlos zurück: „Glaubst Du an blöde Weiber? – Ein solcher Trottl!“

Abb. 117 u. 118: Empfangsraum und Probierlogen im Salon Flöge.

Abb. 119: Firmenschild „Schwestern Flöge“.

Abb. 120: Die 35jährige Emilie Flöge, 1909.

Zu seiner Frau macht Klimt die selbstbewußte Modedame nicht; wie sie darüber denkt, ist unbekannt. Obwohl ein gemeinsames Kind ausbleibt, ist von Eifersucht nichts bekannt – immerhin hatte Klimt uneheliche Kinder mit Maria Zimmermann und Marie Učická. In nachtdunkler Stunde, als er in seiner Wohnung zusammenbricht, wünscht der Sterbende nur eines, nämlich daß die Emilie kommen soll. Dazu Hans Tietze: „Klimt hat die Verantwortung des Glücks nicht auf sich zu laden gewagt und die Frau, die er jahrelang liebte, nur mit dem Vorrecht gekrönt, sein schmerzhaftes Sterben zu betreuen.“[22]

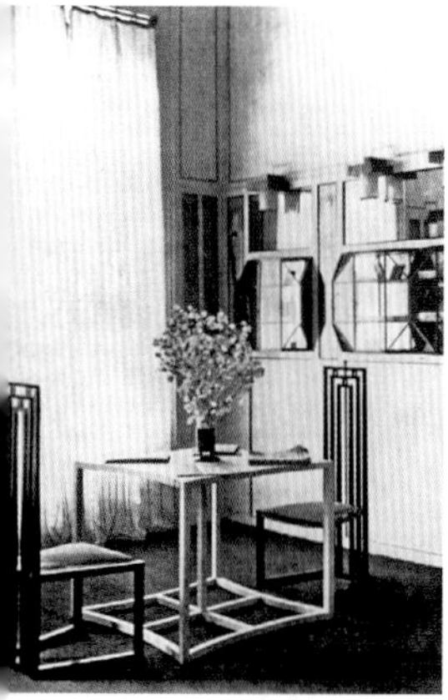

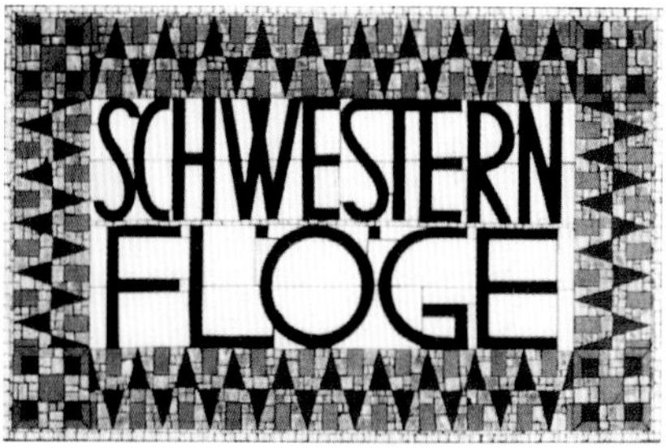

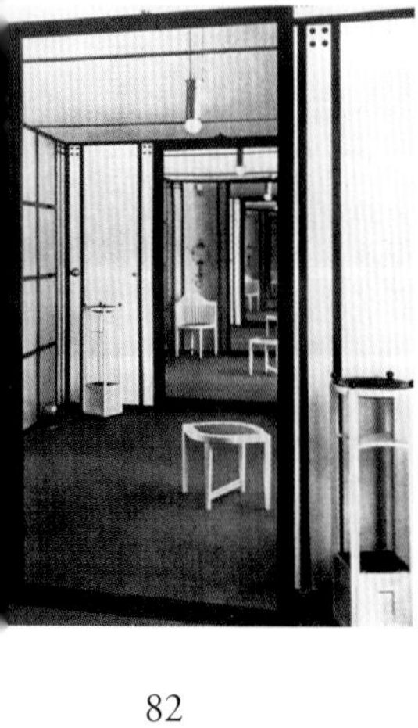

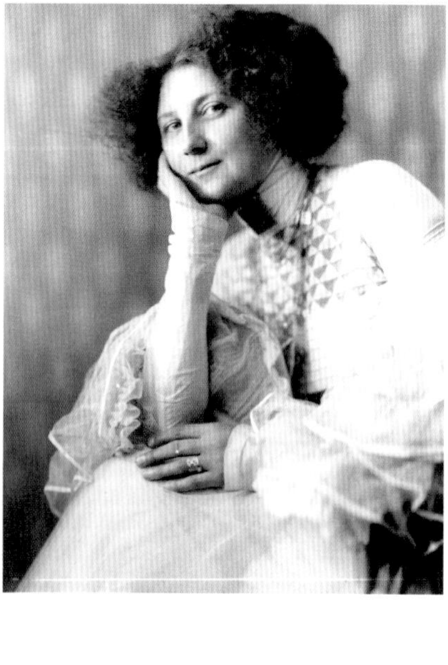

Der Salon muß 1938 geschlossen werden, da unter den neuen Machthabern die Kundschaft wegbleibt. Ihre Arbeit setzt Emilie in der Ungargasse 39 fort, wo sie im obersten Stock auch ihre Wohnung hat. Dort verbrennen in den letzten Kriegstagen 1945 nicht nur viele Skizzenbücher Klimts, um die fünfzig an der Zahl, sondern auch eine Reihe von

Dokumenten, die nähere Auskunft über die Beziehung der beiden Kunstsinnigen hätten geben können. Emilie überlebt den Zweiten Weltkrieg und wird 1952 im Familiengrab der Flöges beigesetzt.

Alma Mahler-Werfel (1879–1964)

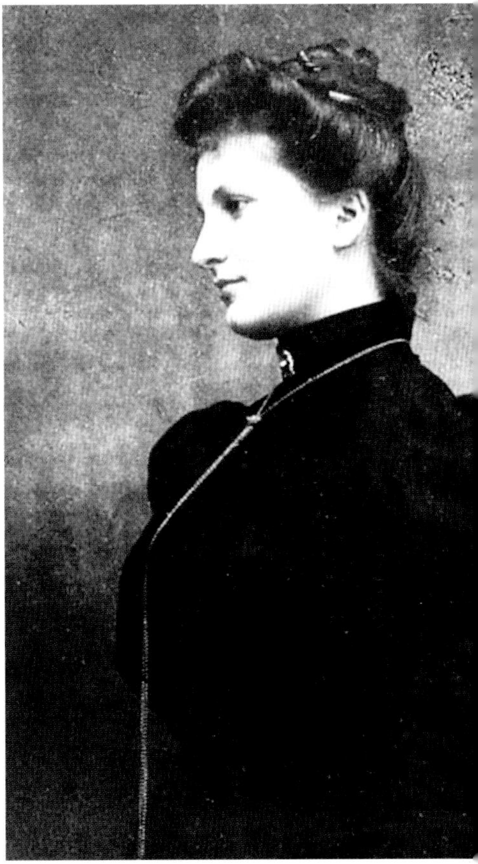

Abb. 121: Alma Mahler-Werfel, geb. Schindler (vor 1899).

Sie ist die *Femme fatale* der Jahrhundertwende, intelligent, kunstsinnig und literarisch interessiert, aber auch herrschsüchtig, mannstoll und exzentrisch. Es braucht einen langen Atem, die Namen ihrer Bekannten in einem Zug zu lesen: Alban Berg und Leonard Bernstein, Benjamin Britten und Eugène d'Albert, Gerhart Hauptmann und Hugo von Hofmannsthal, Max Reinhardt und Carl Zuckmayer, Maurice Ravel und Hans Pfitzner, Thomas Mann und Erich Maria Remarque, Bruno Walter und Richard Strauss, Arnold Schönberg und Igor Strawinsky. Zu den Männern, die ihrem erotischen Reiz erliegen, gehören Alexander von Zemlinsky und Oskar Kokoschka, die Hand zum Ehebund reicht sie Gustav Mahler, Walter Gropius und Franz Werfel.

Und Gustav Klimt? Er begegnet der um 18 Jahre jüngeren Tochter des angesehenen Wiener „Stimmungsimpressionisten" Emil Jakob Schindler (1842–1892) im Hause seines Schülers und Malergenossen Carl Moll. Zu ihm unterhält Almas Mutter schon zu Lebzeiten ihres Gatten eine Liebschaft.

Drei Jahre nach dem Tode ihres Mannes tritt sie mit dem nachmaligen Mitbegründer der Secession vor den Traualtar. Zahlreiche Mitglieder des Künstlerbundes verkehren in der Folge im Hause Moll: neben Josef Hoffmann, Kolo Moser und Joseph Maria Olbrich auch Gustav Klimt. Der findet Gefallen an der Stieftochter seines Freundes, die sich bei gemeinsamen Nachtmahlen

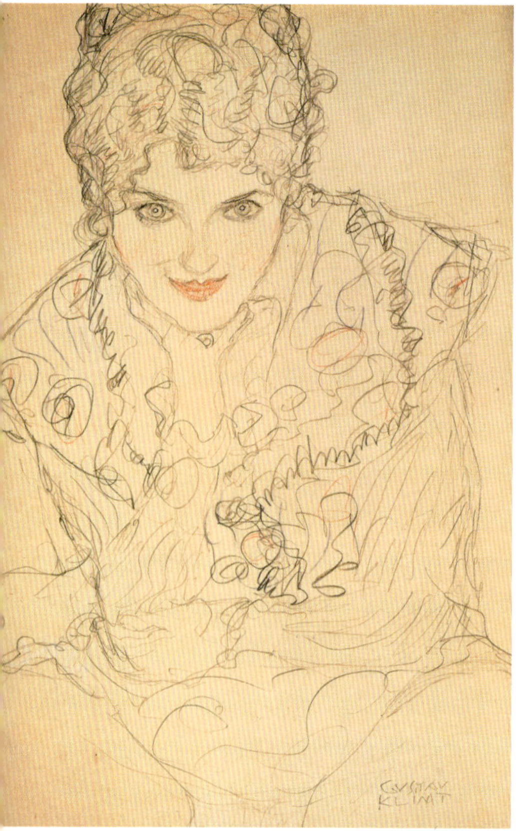

Abb. 122: *Mädchenbildnis mit aufgestütztem Kinn*, 1917/18. Bleistift, roter und dunkelblauer Farbstift. Privatbesitz.

als geistreiche Gesellschafterin erweist. Sie möge ihn doch einmal in seinem Atelier besuchen, schlägt Klimt dem blühenden Mädchen im Sommer '98 vor, aber Alma bleibt „taub allen Beschwörungen und Bitten, zu ihm ins Atelier zu kommen"[23].

Klimt nützt die Gelegenheit, die sich auf einer Reise nach Italien ergibt. In ihrer Selbstbiographie *Mein Leben* erfährt man vom ersten Kuß, von geheimen Liebesschwüren auf dem Markusplatz in Venedig vom Drängen Klimts, der ganz ineinander zu gehen wünscht: Die Mutter Almas ist entsetzt über das, was sie da, ihr Ehrenwort brechend, im Tagebuch lesen muß und zieht die Notbremse. Auch Freund Carl Moll ist erzürnt. Klimt stellt den Burgfrieden wieder her und versichert, keine unlauteren Absichten mit der jungfräulichen Muse gehabt zu haben – die Affäre endet, bevor sie an Fahrt gewinnt.

Trotzdem wird Alma Mahler-Werfel in ihrer Selbstbiographie Jahrzehnte später Klimt als ihre erste große Liebe bezeichnen: „Mit Gustav Klimt war die erste große Liebe in mein Leben gekommen, aber ich war ein ahnungsloses Kind gewesen, ertrunken in Musik und weltfern dem Leben".[24] Der Stolz, von Klimt begehrt worden zu sein, klingt noch aus den Worten der reifen Frau: „Er war der Begabteste von allen, fünfunddreißig Jahre alt, auf dem Höhepunkt seiner Potenz, in jedem Sinne des Wortes war er schön und außerdem schon berühmt. Seine Schönheit und meine jugendliche Frische, sein Genie und mein Talent, seine tiefe Lebensmelodie, die wir teilten, schlugen in uns die gleichen Seiten an. [...] Er war an hundert Orten gebunden: Frauen, Kinder, sogar seine Schwestern kämpften um ihn. Trotzdem folgte er mir."[25]

Adele Bloch-Bauer (1881–1925)

Das 1907 entstandene Gemälde *Adele Bloch-Bauer I* zeigt eine Tochter des Generaldirektors des Wiener Bankvereins Moriz Bauer (1840–1905), die Gattin des erheblich älteren Zuckermagnaten Ferdinand Bloch (1864–1945). „Krank, leidend, immer mit Kopfweh, rauchend wie ein Schlot, furchtbar zart, dunkel. Ein durchgeistigtes Gesicht, schmal, elegant. Süffisant, arrogant, so hat sie auf mich als Kind gewirkt. Stets auf der Suche nach geistiger Anregung“, so die Erinnerung der aus Wien stammenden Amerikanerin Maria Altmann,

Abb. 123: *Portrait von Adele Bloch-Bauer II*, 1912. Öl auf Leinwand. Privatbesitz.

Abb. 124: *Judith II (Salome)*, 1909. Öl auf Leinwand. Galleria Internazionale d'Arte Moderna, Venedig. Auch diese *Femme fatale* trägt die Züge von Adele Bloch-Bauer.

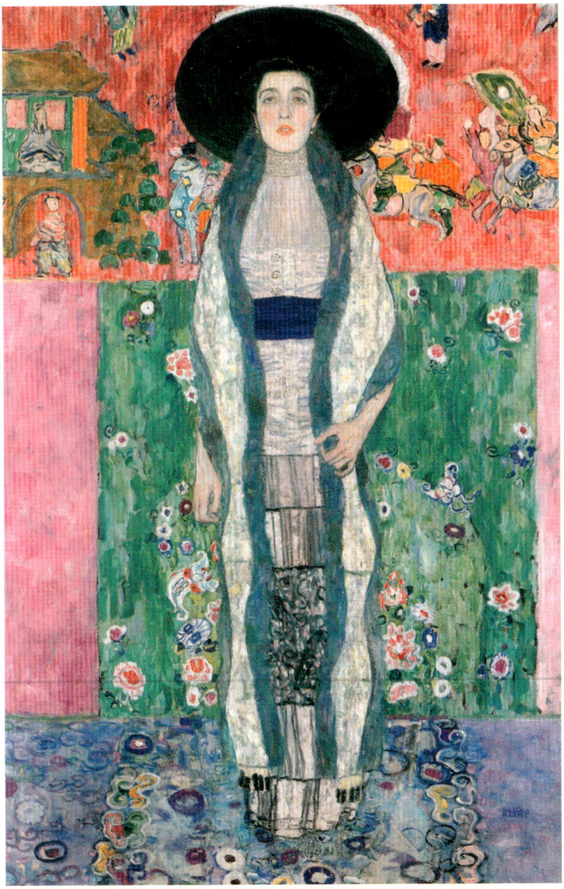

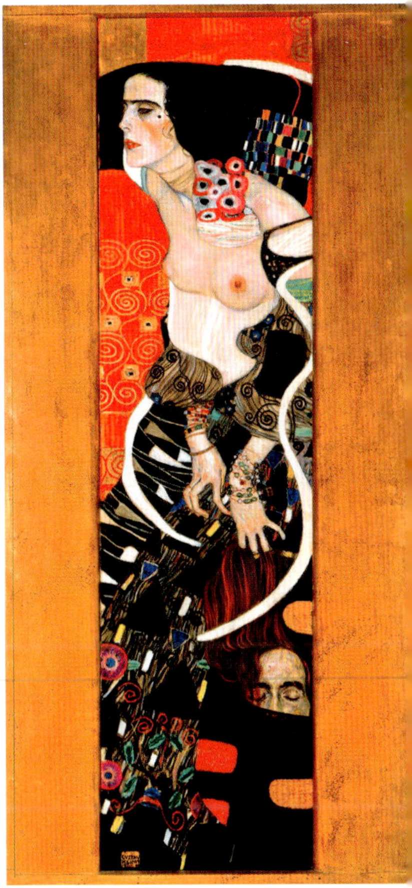

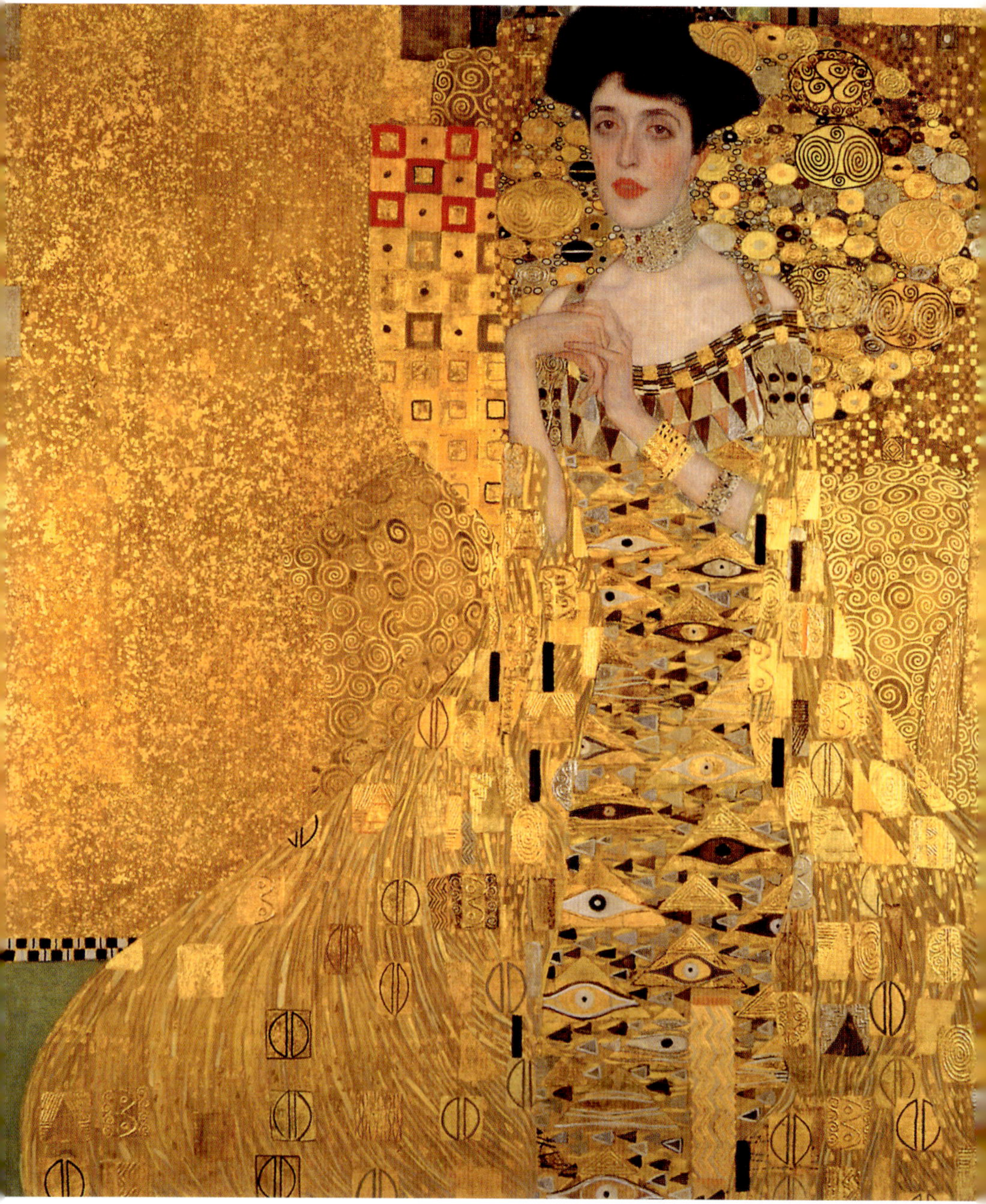

die Adele Bloch-Bauer in ihren Mädchenjahren erlebt hat. Zahlreiche einflußreiche Persönlichkeiten aus Politik und Geistesleben verkehren im Salon des Ehepaares, etwa Julius Tandler, Karl Renner, Franz Werfel, Richard Strauss und Stefan Zweig.

Ferdinand Bloch und seine Gemahlin Adele haben in ihrem Stadtpalais in der Elisabethstraße im ersten Bezirk von Wien eine exquisite Sammlung von Gemälden aus dem 19. Jahrhundert zusammengetragen, dazu Porzellan und Tapisserien von unschätzbarem Wert. In ihrer Sammlung von Klimtbildern befinden sich zwei Portraits der Hausfrau sowie vier Landschaftsbilder. Es ist Carl Moll, der Gustav Klimt der vornehmen Adele Bloch-Bauer vorstellt. Über diese Bekanntschaft ist viel spekuliert worden, Eingeweihte wollten eine Liebschaft zwischen dem Maler und seinem vornehmen Modell sehen. Die beiden Portraits, die Klimt von Adele Bloch-Bauer anfertigte, gehören jedenfalls zu den besten Werken des Künstlers, wiewohl die Wiener Kunstszene jener Jahre giftig von „mehr Blech, als Bloch“ zischelt.

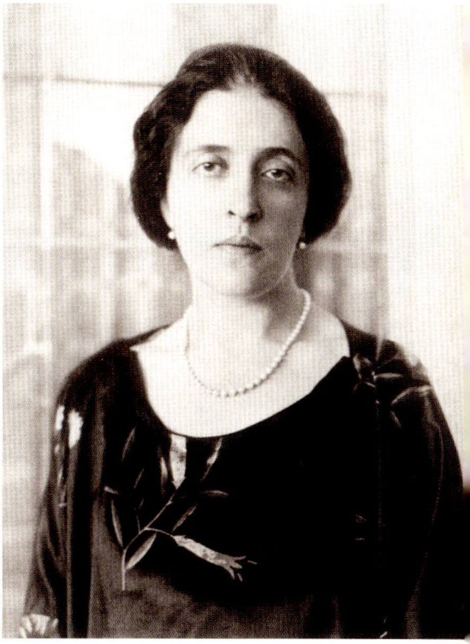

Abb. 125: Adele Bloch-Bauer.

Als Adele 1925 mit 44 Jahren einer Hirnhautentzündung erliegt, hinterläßt sie ein Testament aus dem Jahr 1923, in dem sie Verfügungen über „ihre“ Bilder trifft. Das mißverständliche Testament wird Jahrzehnte später für Schlagzeilen sorgen. Nach einem aufsehenerregenden Restitutionsstreit in den USA und einem umstrittenen Schiedsspruch muß die Österreichische Galerie im Jahr 2006 fünf Bilder aus der Sammlung Bloch-Bauer der in New York lebenden Erbin Maria Altmann aushändigen. Noch im selben Jahr läßt Altmann die Bilder versteigern, dabei erzielt die „goldene Adele“ eine Rekordsumme von 135.000.000 US-Dollar. Neuer Eigentümer des Bildes wird Ronald Lauder (geb. 1944), der ehemalige US-Botschafter in Österreich. Das Portrait der Wiener Jüdin ist jetzt ein Glanzstück seiner Neuen Galerie in Manhattan.

Abb. 126: Bildnis *Adele Bloch-Bauer I*, 1907. Öl und Gold auf Leinwand. Neue Galerie, New York.

Serena Lederer (1867–1943)

Der aus reichem Hause stammenden Budapester Jüdin Serena Lederer, einer Verwandten des amerikanischen Verlegers Joseph Pulitzer, begegnen wir bereits in einer Loge auf Klimts *Zuschauerraum im alten Burgtheater*. Im Jahr 1892 heiratet sie den Großindustriellen August Lederer aus Böhmisch Leipa. In der gemeinsamen Wiener Wohnung gibt es einen eigenen Raum mit Klimt-Bildern, darunter auch das Portrait der Hausherrin, das Klimt 1899 für ein erstaunlich hohes Honorar liefert. Dabei geht die Beziehung zu Klimt weit über das Geschäftliche hinaus. Klimt erteilt Serena Unterricht im Zeichnen und findet sich an den Donnerstagen zum Abendessen ein.

Abb. 127: Serena Lederer in reifen Jahren in ihrem bürgerlichen Salon. Rechts an der Wand ihr von Klimt gemaltes Jugendbildnis.

Abb. 128: Bildnis *Serena Lederer*, 1899. Öl auf Leinwand. The Metropolitan Museum of Art, New York.

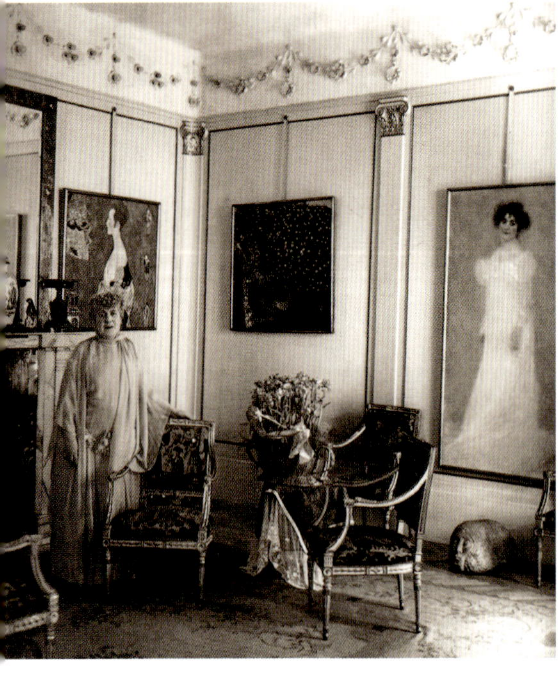

Über eine erotische Liebschaft wissen wir nichts, jedoch gelingt es Serenas Tochter Elisabeth nach dem Anschluß Österreichs an das Deutsche Reich, als uneheliche Tochter Klimts und damit als Halbarierin, wie es damals heißt, anerkannt zu werden.

Die Lederers sind die wichtigsten Sammler und Mäzene Gustav Klimts. Sie residieren standesgemäß im sogenannten Ledererschlössl in Weidlingau sowie in dem ungarischen Städtchen Raab, zu ungarisch Györ. In der Wiener Wohnung des Ehepaars in der Bartensteingasse Nr. 8 hängt seit 1905 in einem eigens von Josef Hoffmann eingerichteten Raum Klimts *Philosophie*. Eingerollt wird das Fakultätsbild der *Jurisprudenz* verwahrt. Zu den zahlreichen Bildern ihrer beachtlichen Sammlung gehört auch der *Beethovenfries* sowie vier Familienportraits, darunter das Bildnis der Mutter Serenas, Charlotte Pulitzer. Als Klimt im Zuge des Skandals um die Fakultätsbilder von seinem Auftrag zurücktreten will, gelingt ihm das nur mit dem Geld der Lederer. Nach Klimts Tod ist Serena weiter bestrebt, ihre Klimtsammlung zu erweitern: „Frau Serena Lederer, eine schöne und imposante Erscheinung, erwarb übrigens sämtliche nach dem Tode Klimts bei Gustav Nebehay in Wien, Hotel Bristol, ausgestellten Zeichnungen *en-bloc*. Der Verfasser erinnert sich an die Erzählungen seines Vaters, nach denen Frau Lederer in dessen Geschäftsräume gekommen und die ausgestellten Bilder und Blätter Klimts kurz besichtigt habe. Sie habe dann die Frage nach einem Gesamtpreis gestellt. Zu seiner Verblüffung habe sie, nach Nennung der Summe, nur kurz gesagt ‚gekauft' und sei gegangen. Die damals ausgestellten Blätter, Spitzenblätter des Nachlasses, bilden den Grundstock der Sammlung Lederer."[26]

Ein Großteil dieser Sammlung wird nach der nationalsozialistischen Machtübernahme beschlagnahmt und schließlich mit zahlreichen weiteren Werken ins Schloß Immendorf im Weinviertel ausgelagert, wo sie vor den alliierten Luftangriffen sicher sein sollen. Farbaufnahmen von den Kunstschätzen werden nicht angefertigt. In den letzten Kriegstagen wird das Schloß bei einer Feuersbrunst zerstört, dabei werden zahlreiche erlesene Gemälde Klimts vernichtet. Es ist der größte Verlust österreichischer Kunstschätze im Zweiten Weltkrieg. Serena Lederer muß nicht mehr von der Katastrophe erfahren, sie ist 1943 mit 76 Jahren gestorben.

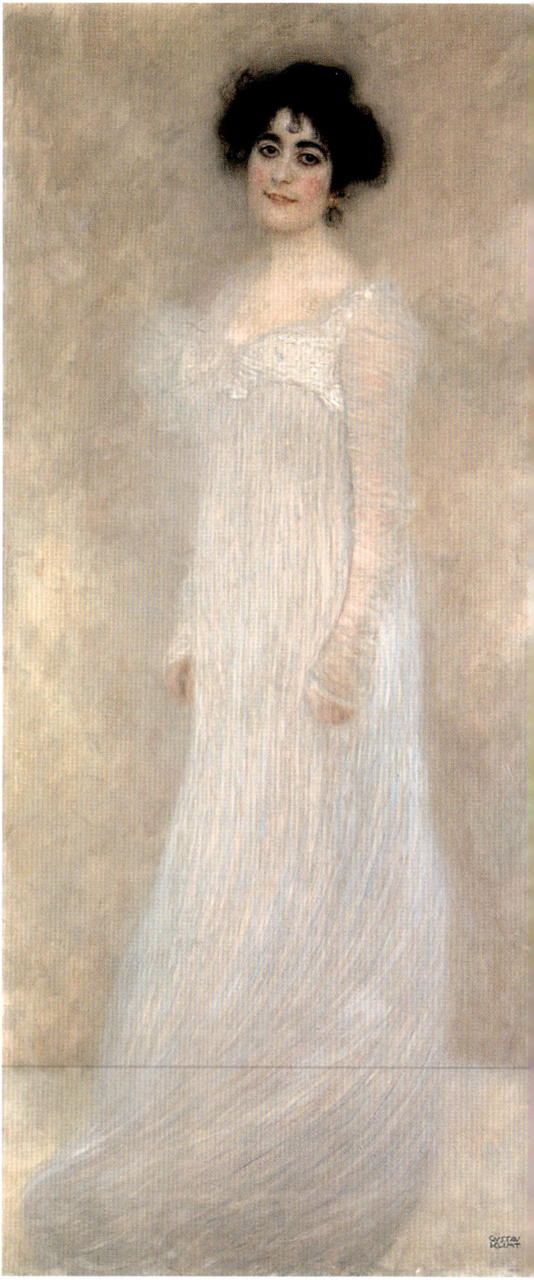

Unter den vorzüglichen, über die Landesgrenzen hinaus bekannten Ärzten des ausgehenden 19. Jahrhunderts ist der Anatom Emil Zuckerkandl zu nennen, ein Schüler Joseph Hyrtls. Zuckerkandl ist eine Ausnahmeerscheinung innerhalb der österreichischen Medizin: Sein Wissen stellt sich schon in jungen Jahren als so umfassend heraus, daß er bereits mit 31 Jahren auf 58 wissenschaftliche Arbeiten verweisen kann und in Wien zum außerordentlichen Professor für Anatomie ernannt wird. Ab 1882 leitet er das anatomische Institut in Graz. Mit 37 Jahren ehelicht er die junge Berta Szeps, eine Tochter des Wiener Zeitungsverlegers Moritz Szeps. Zwei Jahre später kehrt er mit seiner intellektuell ambitionierten Frau zurück nach Wien, um da das anatomische Institut zu übernehmen. Berta Zuckerkandl-Szeps hat viele einflußreiche Bekannte an der Donau, in ihrem Salon verkehren Zelebritäten wie Johann Strauß Sohn oder Arthur Schnitzler. Auch den Maler Gustav Klimt lernt sie 1901 kennen. Sie unterstützt die Anliegen der Secession, setzt sich für die Wiener Werkstätte ein und hilft Klimt, wo immer sie kann. Als dieser wegen der Fakultätsbilder angefeindet wird, nimmt sie ihn, von einigen befreundeten Journalisten unterstützt, in der Öffentlichkeit in Schutz.

Abb. 129: Studie für das *Bildnis Amalia Zuckerkandl*, 1914. Bleistift. Albertina, Wien.

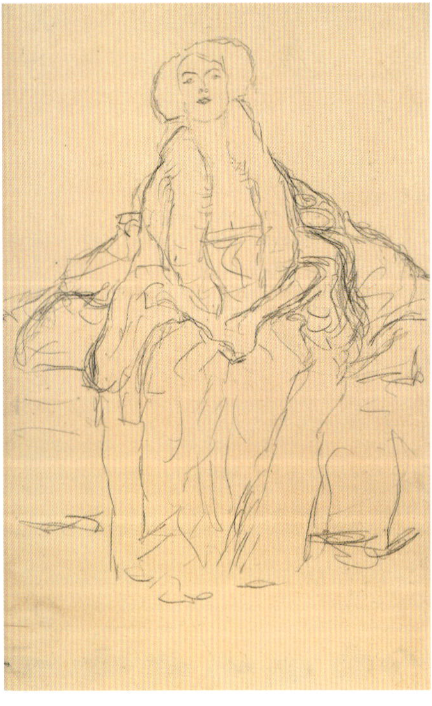

Emils Bruder ist der Stahlmagnat Viktor Zuckerkandl, der als Bauherr des Sanatoriums Purkersdorf und Auftraggeber Josef Hoffmanns eines der schönsten Gebäude im Stil der Wiener Secession verwirklicht hat. Als Generaldirektor der schlesischen Eisenwerke in Gleiwitz ist Viktor Zuckerkandl vermögend genug, um als Kunstmäzen aufzutreten. Vom Meister persönlich erwirbt er eine Reihe von Klimtbildern. Auch seine Frau Paula Zuckerkandl soll 1912 von Klimt portraitiert werden. Dieses Gemälde geht leider in den Wirren des Zweiten Weltkrieges verloren.

In Wien lebt auch Emil Zuckerkandls Bruder Otto, er wird an der Donau als angesehener Chirurg und Urologe geschätzt. Otto heiratet 1895 Miriam Amalie, die Tochter des Bühnenautors Sigmund Schlesinger. Vermutlich über ihre Schwägerin Berta Zuckerkandl wird sie mit Gustav Klimt bekannt. Oftmals ist Klimt in der Folge Abendgast bei Otto und Amalie Zuckerkandl, speist dort etwa gemeinsam mit Arthur Schnitzler. Um 1913 erhält Klimt den Auftrag, Amalie zu porträtieren. Der Weltkrieg vereitelt das Vorhaben zunächst, denn Amalie folgt ihrem nach Lemberg abkommandierten Ehemann. Erst nach ihrer Rückkehr kann Klimt mit den Sitzungen fortsetzen und das Bildnis in den Jahren 1917/18 weiterführen, es bleibt jedoch unvollendet und wird erst nach Klimts Tod von Freunden, darunter Joseph Hoffmann, aufgefunden.

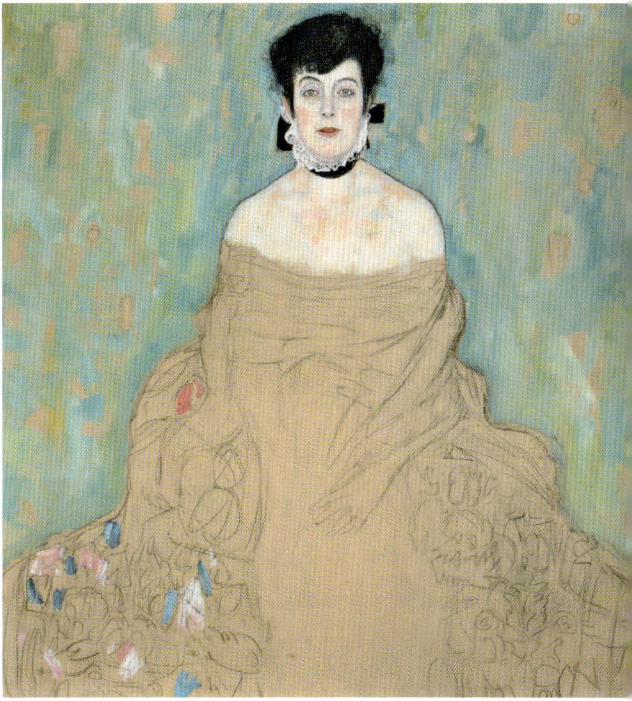

Abb. 130: Bildnis *Amalie Zukkerkandl*, 1917 (unvollendet). Öl auf Leinen. Österreichische Galerie, Wien.

Die Zuckerkandls lassen sich 1919 scheiden, das Portrait des mittlerweile verstorbenen Klimt bleibt im Besitz Amalies, geht schließlich an die Klimtsammler Adele und Ferdinand Bloch-Bauer und gelangt endlich in den Besitz der Österreichischen Galerie Belvedere. Amalie selbst ist ein tragisches Schicksal bestimmt: Mit ihrer jüngeren Tochter 1942 nach Theresienstadt verschleppt, kommt sie vermutlich nach Deportation ins Vernichtungslager Belzec ums Leben.

Eugenia Primavesi (1874–1962) und Mäda Primavesi (1903–2000)

Eugenia Primavesi stammt aus dem Wiener Bezirk Döbling, wo sie 1874 als Tochter des höheren Bahnbeamten Gustav Butschek zur Welt gekommen ist. Als Absolventin des Wiener Konservatoriums für Schauspiel nimmt die liebreizende Neunzehnjährige in Olmütz und Nordmähren Gastspielrollen an, dabei fällt sie dem ansässigen Großindustriellen Otto Primavesi ins Auge, der über Vermittlung eines ihm bekannten Theaterdirektors ihre Bekanntschaft erwirkt. Eugenia muß sich bald zwischen einer Einheirat in die sehr wohlhabende Familie der Primavesis und einem Engagement am Wiener Burgtheater entscheiden. Liebe und Vernunft obsiegen, 1894 wird in Olmütz Hochzeit gehalten.

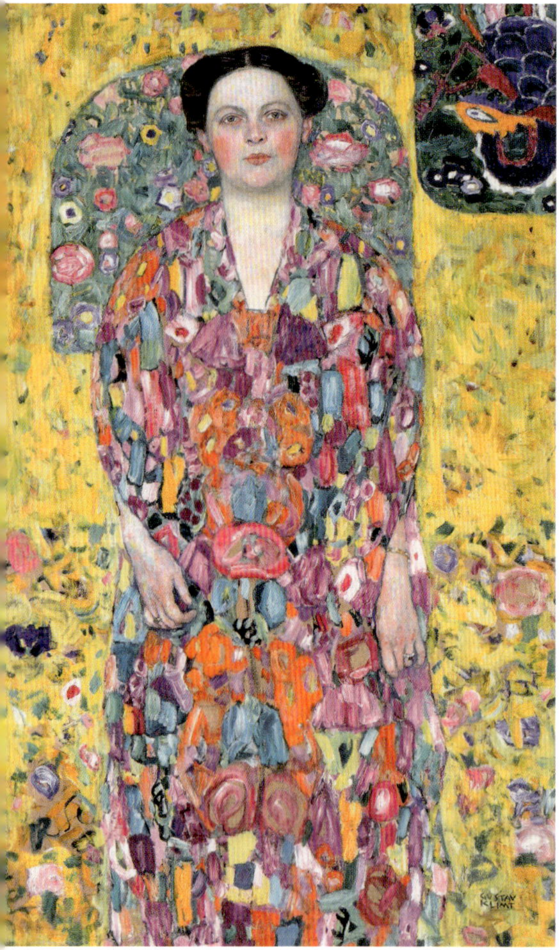

Neben August und Serena Lederer und den Zuckerkandls treten bald auch Otto Primavesi und seine Frau Eugenia als begeisterte Sammler, Förderer und Mäzene Klimts hervor. Die Fabrikschlote der Primavesis liegen in Nordmähren, herrschaftlicher Sitz der Familie wird nach der Jahrhundertwende eine heute noch bestehende Villa in Olmütz. Klimt wird um 1913 ebenfalls zu den rauschenden Hausfesten in ihrem

Abb. 131 (links): Bildnis *Eugenia Primavesi*, 1913/14. Öl auf Leinwand. Municipal Museum of Art, Toyota.

Abb. 132: Bildnis *Mäda Primavesi*, 1913. Öl auf Leinwand. The Metropolitan Museum of Art, New York.

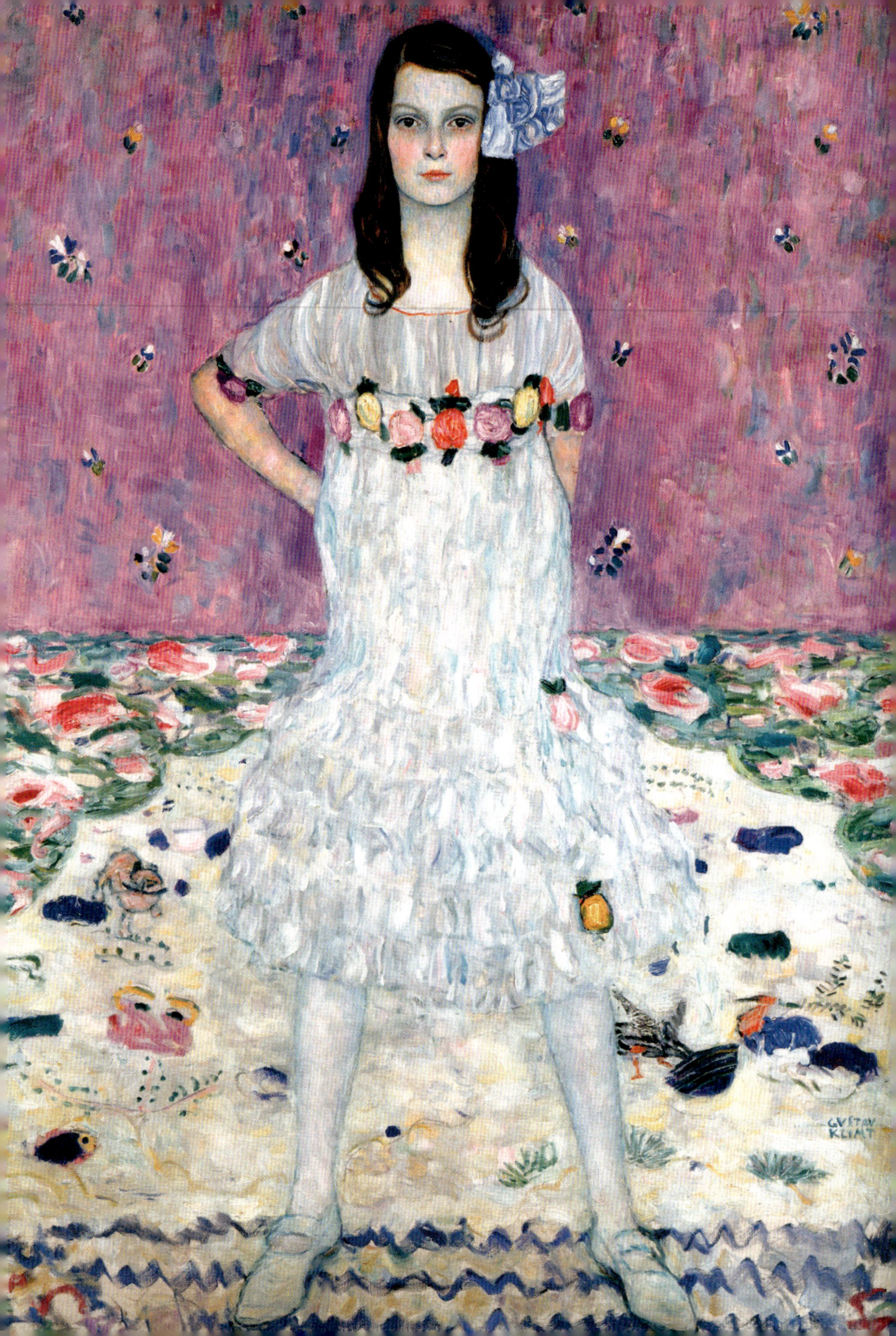
GUSTAV
KLIMT

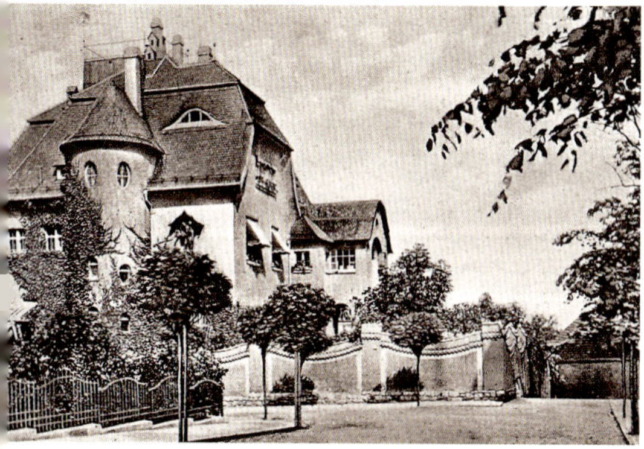

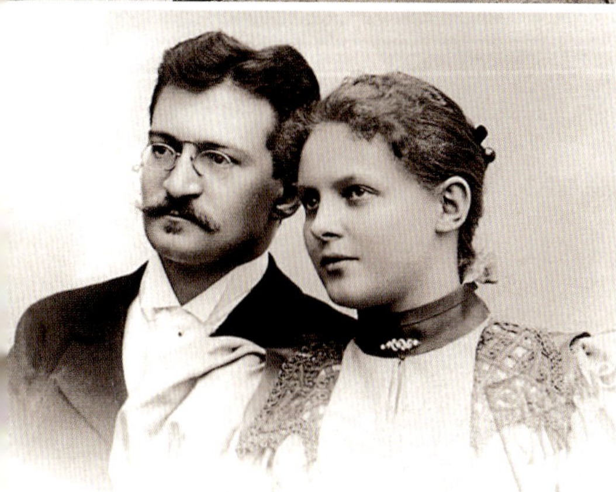

Abb. 133: Die Villa Primavesi in Olmütz, erbaut von den Wiener Architekten Josef Tölk und Franz von Krauss, 1905–06.

Abb. 134: Otto und Eugenia Primavesi, um 1894.

Landhaus in Winkelsdorf bei Mährisch Schönberg geladen, das nach Plänen Josef Hoffmanns errichtet und mit Mobiliar aus der Wiener Werkstätte ausgestattet worden ist. Die Familie interessiert sich sehr für die Geschicke des kunsthandwerklichen Musterbetriebes, dem 1914 der Konkurs droht. Otto Primavesi wird Hauptaktionär der Wiener Werkstätte und kann das Unheil abwenden.

Als Klimt 1913 die Arbeiten am Bildnis der Eugenia Primavesi aufnimmt, hat er bereits das Bild der jungen Mäda Gertrude Primavesi auf der Staffel, der neunjährigen Tochter von Otto und Eugenia Primavesi. Zu diesem Zeitpunkt arbeitet er also an zwei Primavesibildern. Immer wieder fahren Mutter und Tochter für einige Tage zum Modellstehen nach Wien.

Eugenias Portrait ist als Weihnachtsgeschenk für ihren Mann gedacht. Klimt, der mit zahlreichen Studien und Vorarbeiten in Verzug gekommen ist, gelingt es in letzter Stunde, das fertige, in eine Kiste gepackte Bild mit dem Personenzug nach Olmütz zu verfrachten, die Weihnachtsüberraschung des Jahres 1913 ist gesichert. Bestimmt rätselt man, ob die Mutter sitzend oder stehend gezeigt ist – Klimts Darstellung legt sich in dieser Hinsicht nicht fest. Mit dem Umbruch von 1918 ist auch für die Primavesis kein Bleiben mehr in Mähren, Otto und Eugenia gehen nach Wien und trennen sich schließlich 1925, schon im darauffolgenden Jahr stirbt der Fabrikant. In den Krisenzeiten kann Eugenia das ihr überschriebene Vermögen nicht vor dem Niedergang bewahren und muß sich endlich auch von der wertvollen Klimtsammlung trennen. Nur das eigene Bildnis gehört ihr noch, als sie ihr Leben 1963 in Wien beschließt.

Maria Beer (1891–1980)

Am Ende ihres neunundachtzig Jahre währenden Daseins blickt Maria Beer auf viele außergewöhnliche Lebensstationen zurück: geboren 1891 als Tochter der vermögenden Besitzerin der Kaiserbar in der Wiener Innenstadt, aufgewachsen inmitten der quirligen Kunstszene der Donaumetropole, schon vor dem Weltkrieg modebewußt gewandet in Kleider der Wiener Werkstätte, nach der Wende 1918 damit betraut, in Gustav Nebehays Galerie die Zeichnungen aus Gustav Klimts Nachlaß zu ordnen, dann die Tage auf der Insel Capri, wo sie mit ihrem Mann das Künstlerlokal Kater Hiddigeigei führt, schließlich ab 1931 das Leben in New York, wo sich bald zahlreiche Emigranten in der von ihr begründete „Artist's Gallery" einfinden.

Abb. 135: Bildnis *Frederike Maria Beer*, 1916. Öl auf Leinwand. Museum of Art, Mizne-Blumenthal Collection, Tel Aviv.

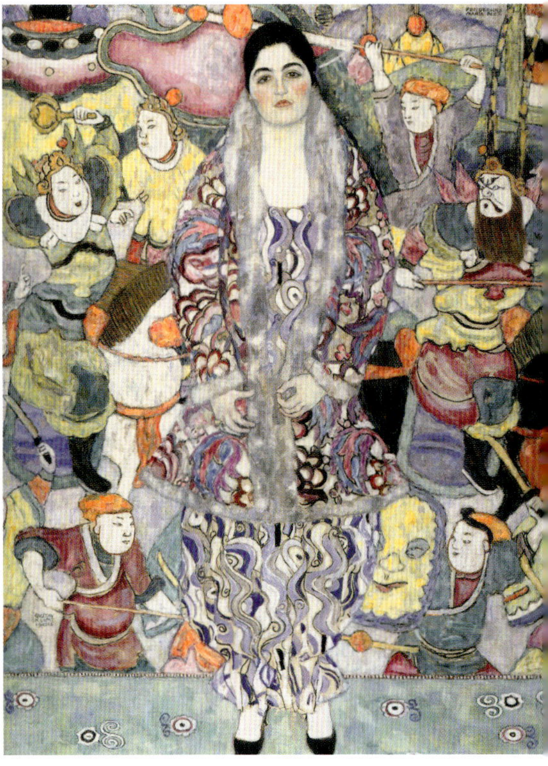

Auch Egon Schiele hat die Lebedame 1914 gemalt. Gemäß einer Anekdote will Klimt wissen, warum Maria Beer noch ein weiteres Bild will, wo sie doch schon von einem guten Maler portraitiert worden sei. Das stimme zwar, so die Antwort, aber nur ein Portrait von Klimt würde sie unsterblich machen. So geködert, nimmt Klimt den Auftrag an.

Maria Beer steht Klimt zwischen November 1915 und Februar 1916 Modell, zu den Sitzungen trägt sie ein von Dagobert Peche entworfenes Kleid, das sie nach dem Zweiten Weltkrieg dem Metropolitan Museum of Art in New York schenken wird. Die extravagante, asiatisch anmutende Musterung des Hintergrundes ist nach einer der Vasen in Klimts Besitz gehalten. Die Jacke aus Iltispelz aber hat Beer nach Klimts Wunsch umgedreht angezogen, da ihm das Innenfutter besser gefällt als der Pelz.

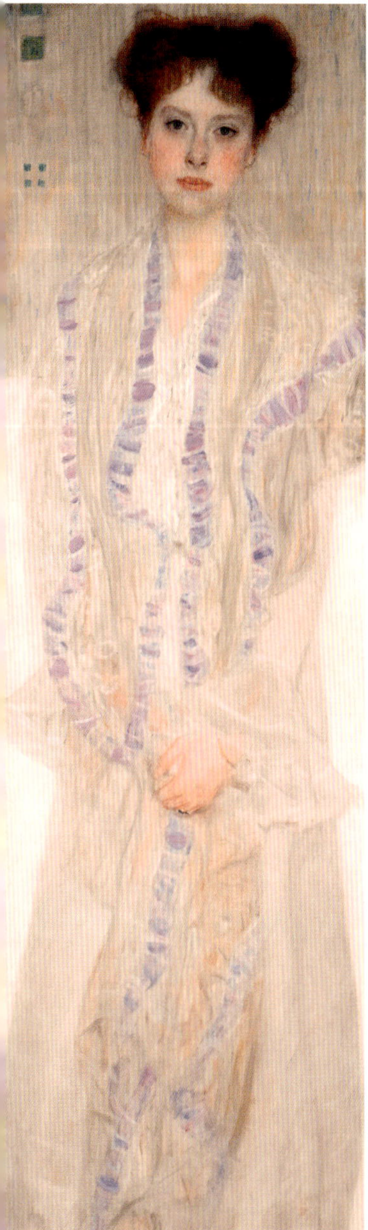

Gertrud Loew (1883–1964)

Die 1883 geborene Gertrud Franziska Sophie Loew verlebt ihre Jugend als Tochter eines angesehen Arztes in Wien. Dr. Anton Loew betreibt in den 1880er Jahren die Wasserheilanstalt in Purkersdorf, und gelangt mit einem Sanatorium in Wien zu beträchtlichem Wohlstand. Auch Gustav Klimt sucht diese Genesungsstätte auf, wodurch wohl die Verbindung zwischen dem Auftraggeber Anton Loew und dem Maler zustande kommt.

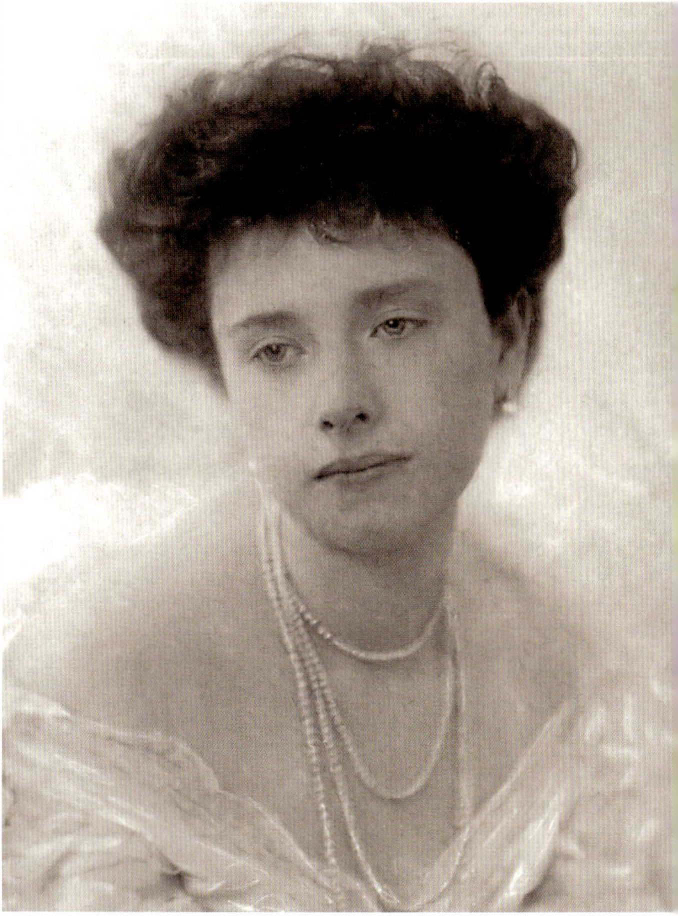

Gertrud ist neunzehn Jahre jung, als sie Klimt Modell steht. Es ist ein zartes Wunderwerk, das der Meister da auf die Leinwand zaubert. Der Kunstkritiker Ludwig Hevesi lobt das Ergebnis als die „duftigste Lyrik, deren die Palette fähig ist". Im darauffolgenden Jahr 1903 wird das Bildnis in der Klimt-Kollektivausstellung in der Wiener Secession gezeigt. Gertrud Loew hat mittlerweile den Konservenfabrikanten Dr. Johann Arthur Eisler von Terramare geheiratet, mit dem sie das Eheglück in einer von Kolo Moser entworfenen Wohnung sucht. Der Bund ist jedoch nicht von Dauer. Gertrud

Abb. 136 u. 138: Bildnis *Gertrud Loew*, 1902. Öl auf Leinwand. Privatbesitz.

Abb. 137: Gertrud Loew, Fotografie, um 1902.

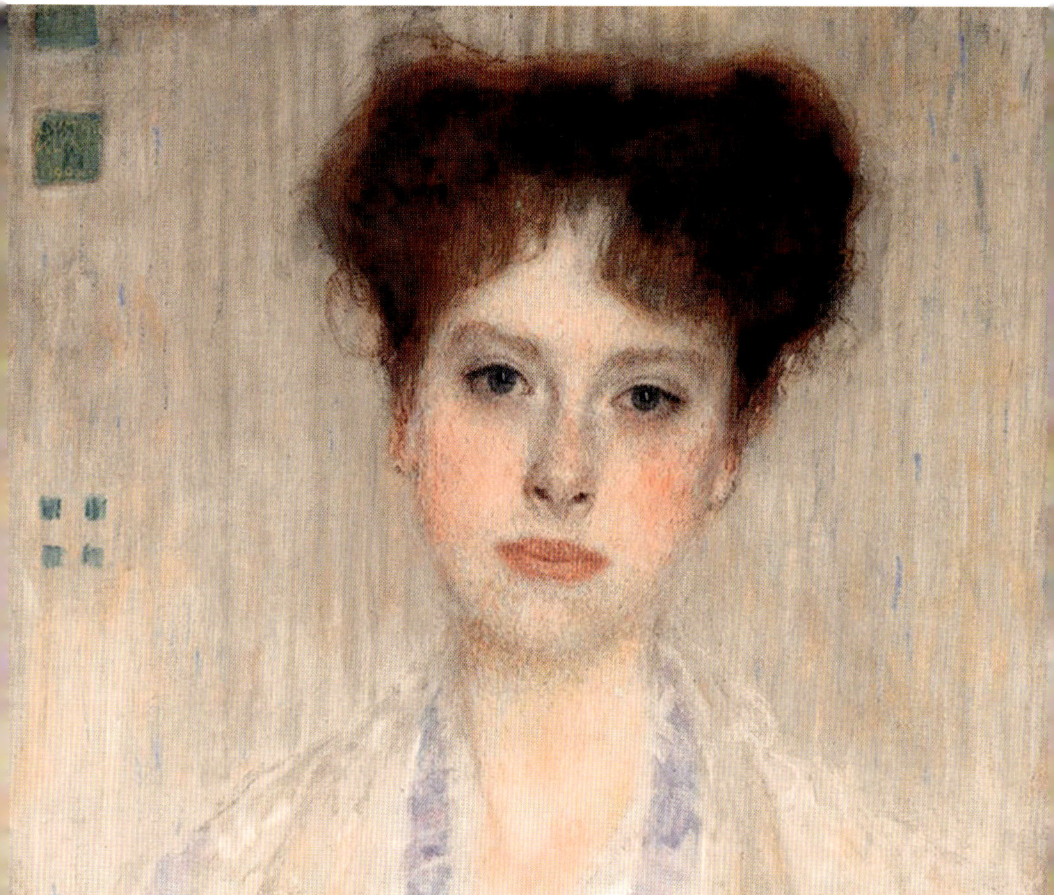

vermählt sich 1912 in zweiter Ehe mit dem ungarischen Industriellen Elemér Baruch von Felsőványi, der jedoch nach elf Jahren Herzensbund im besten Mannesalter stirbt. Die nun verwitwete Gertrud Felsőványi macht es sich zur Aufgabe, das Sanatorium ihres 1907 verstorbenen Vaters fortzuführen, muß die Anstalt aber nach dem Anschluß Österreichs schließen und das Land verlassen. Ihr zartduftiges Portrait bleibt zurück und kommt nach ihrem Weggang unter den Hammer. Im Zuge eines Restitutionsstreites wird es 2015 neuerlich versteigert. Ein anonymer Privatsammler kann das Bildnis bei Sotheby's für 24,8 Millionen Pfund erwerben.

Abb. 139: Bildnis *Johanna Staude*, 1917 (unvollendet). Öl auf Leinwand. Österreichische Galerie, Wien.

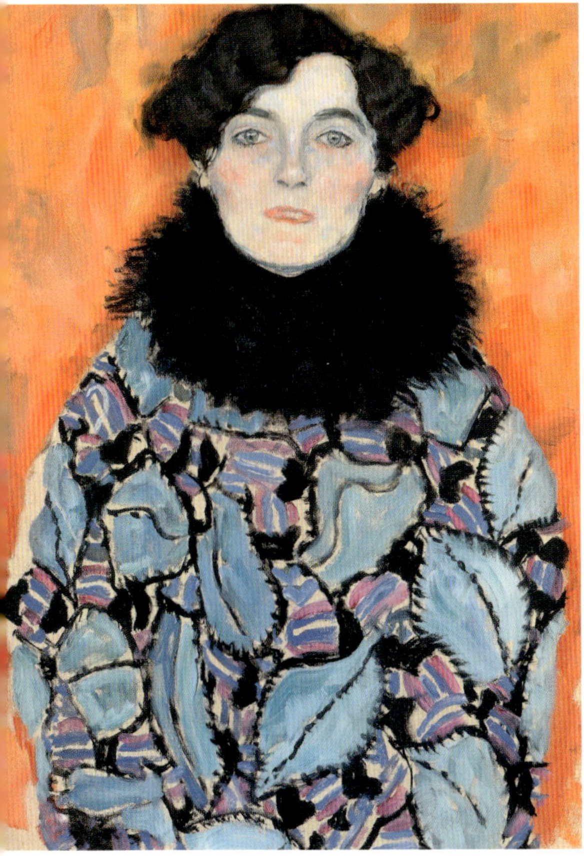

JOHANNA STAUDE (1883–1967)

Viel läßt sich nicht in Erfahrung bringen von Johanna Staude, der modern wirkenden Frau in der pelzbesetzten Bluse nach Manier der Wiener Werkstätten. Geboren 1883 in Wien, ist sie zum Zeitpunkt der Portraitsitzungen etwa 34 Jahre alt. Die Frau mit dem Kurzhaarschnitt ist Sprachlehrerin und gibt in den 1950er Jahren an, auch Kunstmalerin gewesen zu sein. Ein Bild mit ihrer Signatur hat sich jedoch nicht erhalten. Staude soll zudem, vielleicht auf Vermittlung von Gustav Klimt, im Haushalt Peter Altenbergs gearbeitet haben. Irgendwann hat sie geheiratet und den Namen Widlicka angenommen – viel mehr ist nicht bekannt. Ihr Klimtportrait verkauft sie 1963 an die Österreichische Galerie Belvedere, ihr Leben beschließt sie am 2. Juli 1967 in einem Wiener Altersheim.

Margaret Stonborough-Wittgenstein (1882–1958)

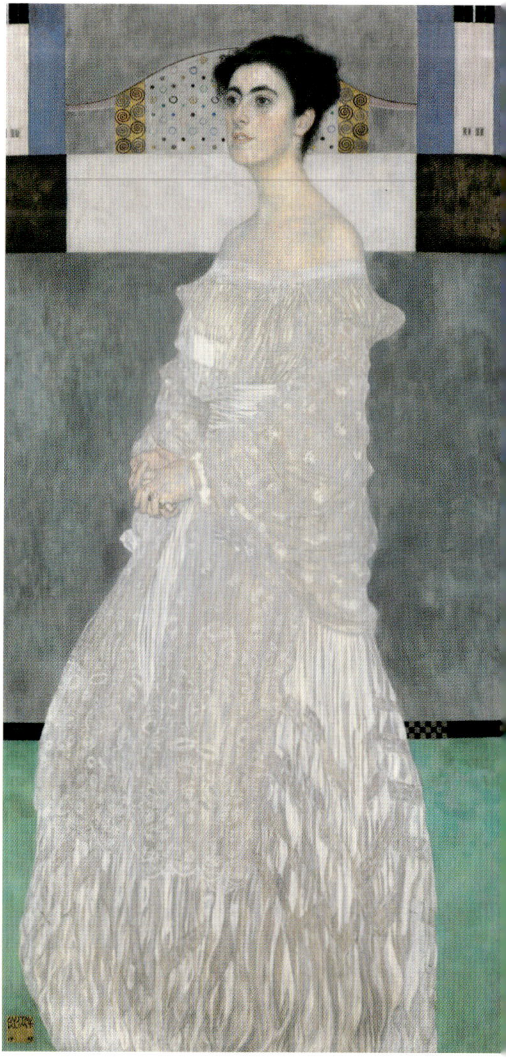

Margarethe Anna Maria ist die jüngste Tochter des mit sagenhaftem Reichtum gesegneten Stahlmagnaten Karl Wittgenstein, der in seinen besten Zeiten Mehrheitseigentümer der gigantischen Österreichisch-Alpinen Montangesellschaft ist. Auch die bedeutende Poldihütte in Kladno unweit von Prag, die ihren Namen nach seiner Frau Leopoldine trägt, steht in seinem Besitz. Zwei seiner Söhne erlangen Weltruhm – der Pianist Paul Wittgenstein und dessen Bruder, der Philosoph Ludwig Wittgenstein.

An den Namen der 1882 geborenen Tochter Margarethe Anna Maria wird sich die Kulturwelt nicht zuletzt dank Klimt erinnern. Nachdem die junge Frau 1905 den New Yorker Fabrikantensohn Jerome Stonborough geheiratet hat, transkribiert sie ihren Namen ins Englische, zu Margaret Stonborough-Wittgenstein. Noch im selben Jahr zieht das Paar nach Berlin, aber die Ehe ist nicht von Dauer. Nach der Trennung 1923 kehrt Margaret nach Österreich zurück. Auch nach ihrer erzwungenen Emigration in die USA will Margaret Stonborough-Wittgenstein wieder zurück nach Wien, wo sie schließlich 1958 stirbt.

Klimt malt Margaret 1905, dem Jahr ihrer Eheschließung. Den Auftrag haben die Eltern erteilt. Nach zahlreichen Vorstudien zeigt der Maler sie in einem schulterfreien, spitzenbesetzten Samt-Moirée-Kleid. Es ist ein graziöses und sinnliches und „bis in die Fingerspitzen vibrierendes Damenportrait", wie ein Sachkenner meint. Nur eine ist gar nicht entzückt – Margaret. Sie kann sich, wie es heißt, ihr Lebtag nicht mit dem Meisterwerk anfreunden.

Abb. 140: Bildnis *Margaret Stonborough-Wittgenstein*, 1905. Öl auf Leinwand. Neue Pinakothek, München.

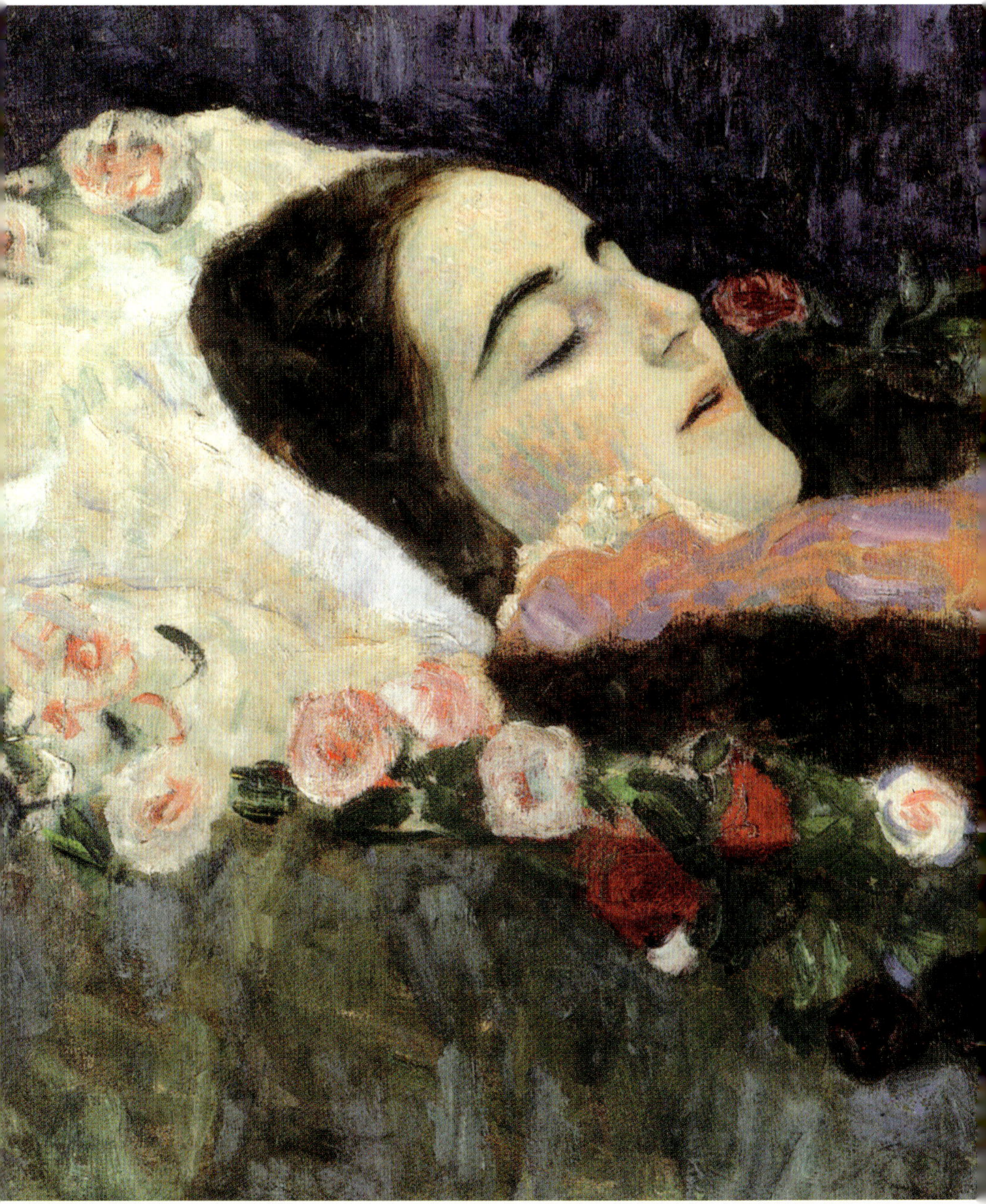

Ria Munk (1887–1911)

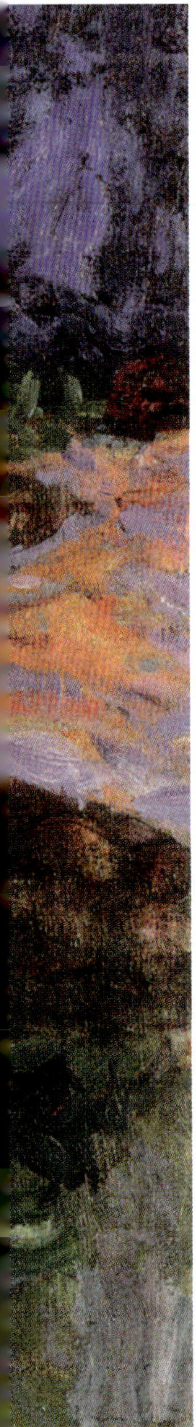

Erst 24 Jahre ist Ria Munk alt, als sie sich am 28. Dezember 1911 in ihrer Wohnung in Währing mit einem Revolver eine Kugel in die linke Brustseite schießt. Der exzentrische, aber sehr erfolgreiche deutsche Schriftsteller Hans Heinz Ewers soll vor der verzweifelten Tat ein bestehendes Verlöbnis mit dem Mädchen gelöst haben. Die Eltern Aranka und Alexander Munk wünschen sich ein posthumes Portrait. Klimt stellt sich der Aufgabe und malt mehrere Bilder. Das dritte Gemälde verbleibt nach Klimts Ableben in seinem Atelier und kommt in den Besitz Aranka Munks, der Schwester Serena Lederers (und Tochter Charlotte Pulitzers). Eine Identifizierung des zunächst als „anonymes Frauenbildnis“ geführten Portraits ist erst nach Befragung Erich Lederers möglich, des Cousins der Toten. Die Klimtforschung ist sich in dieser Frage bis in die Gegenwart uneinig. Kein Zweifel besteht indes bei dem ersten der Bildnisse von Maria Munk, das die leblose Ria auf dem Totenbett aufgebahrt zeigt.

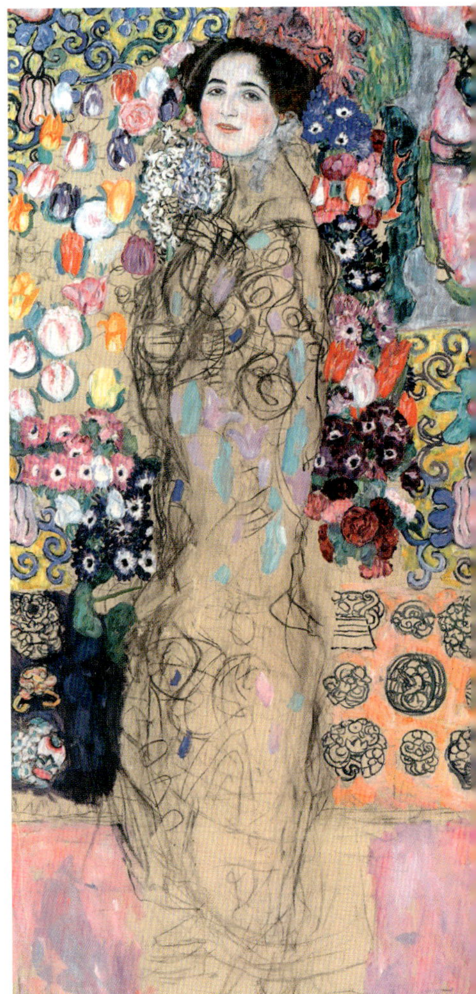

Abb. 141: Bildnis *Ria Munk auf dem Totenbett*, 1912. Öl auf Leinwand. Privatbesitz.

Abb. 142: Bildnis *Ria Munk III*, 1917 (unvollendet). Öl auf Leinwand. Privatbesitz.

Rose von Rosthorn-Friedmann (1864–1919)

„Es muß Geld fließen, dann interessiert es mich“, soll Klimt einmal gesagt haben. Angeblich steckt er seinen Modellen bündelweise Banknoten zu, ungezählt, wie er sie gerade zu fassen bekommt. Er läßt sich seine Dienste aber auch teuer bezahlen, zumal sich die Angehörigen der großbürgerlichen Kreise fürstliche Honorare leisten können.

Abb. 143: *Bildnis Rose von Rosthorn-Friedmann*, 1900/01. Öl auf Leinwand. Privatbesitz.

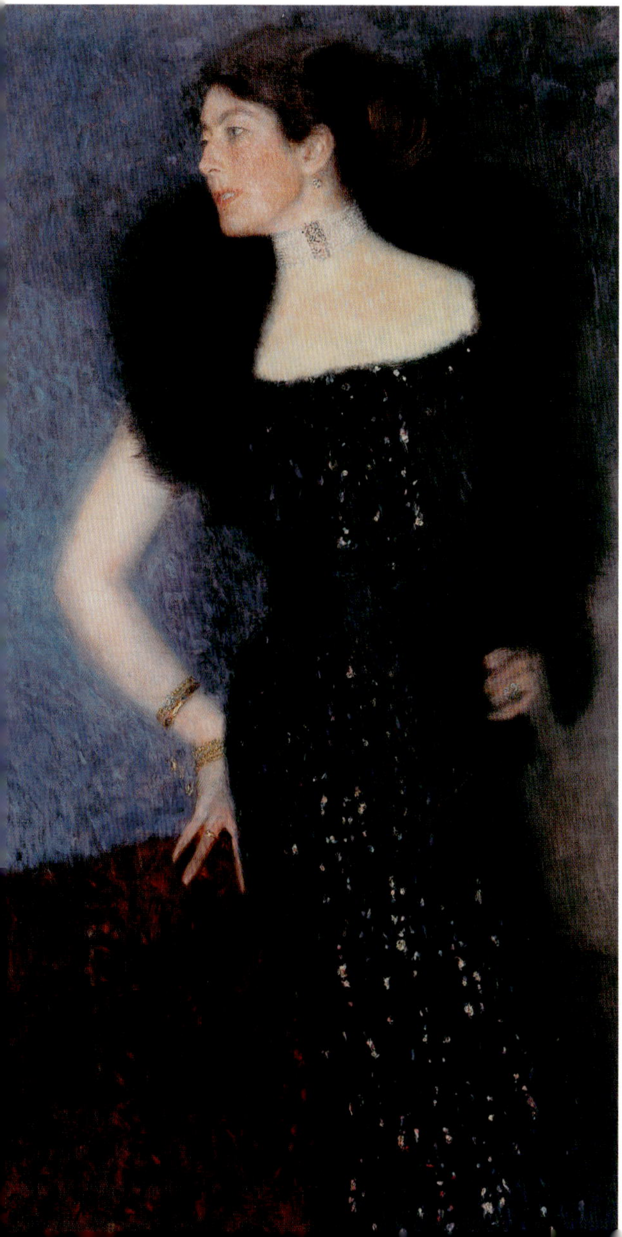

Auch die 37jährige Rose von Rosthorn-Friedmann gehört zu den gesellschaftlichen Spitzen des altösterreichischen *Fin de siècle*, verbindet Wohlstand mit gehobenem Lebensstil, verkehrt mit Literaten wie Hugo von Hofmannsthal oder Arthur Schnitzler. Sie ist Sproß einer alten Unternehmerfamilie, die es mit Eisen- und Stahlwerken zu erheblichem Vermögen gebracht hat. Stolz erzählt man, daß die Familie die ersten Eisenbahnschienen in der Monarchie fabriziert habe. Mit 24 Jahren gibt sie Louis Philipp Friedmann, einem jüdischen Fabrikanten und weithin bekannten Alpinisten das Jawort. Rose teilt dessen Leidenschaft für die Berge. In den Annalen des Alpenvereins wird sie als erste Dame verzeichnet, die den Watzmanns an seiner Ostwand durchstiegen hat und als erster weiblicher Bezwinger der 3.652 Meter hohen Thurwieserspitze in den Ortleralpen.

Das schöne Antlitz der von Klimt um 1900 gemalten Frau begegnet uns auch auf dem berühmten Ölgemälde *Nixen* (*Silberfische*) aus dem Jahr 1899. Ob die Porträtierte davon wußte, ist nicht bekannt.

Im Ersten Weltkrieg soll Rose als Pflegerin in einem Wiener Lazarett geholfen haben, dabei habe sie sich eine Infektion zugezogen. Mit noch nicht ganz 55 Jahren stirbt sie am 13. Januar 1919 an Typhus.

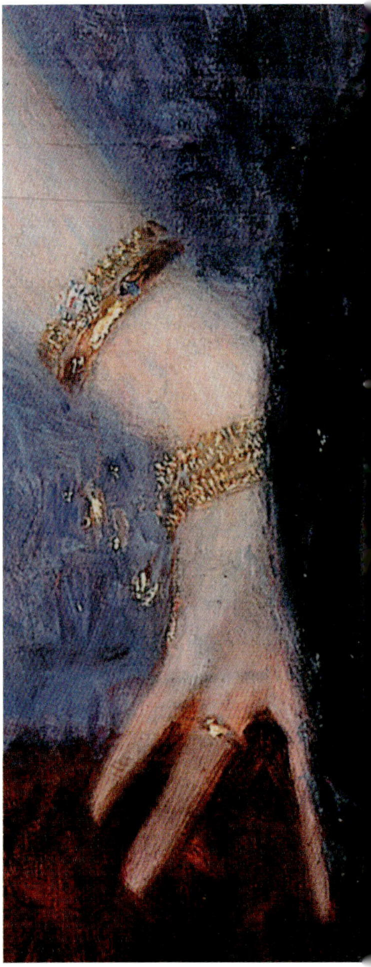

ANMERKUNGEN

[1]Zitiert nach Christian M. Nebehay: *Gustav Klimt. Sein Leben nach zeitgenössischen Berichten und Quellen*, München 1976, S. 39f.

[2]Gustav Pauli (Hg.): *Alfred Lichtwark. Reisebriefe*, Hamburg 1923.

[3]Anton Faistauer: *Neue Malerei aus Österreich. Betrachtungen eines Malers*, Zürich u. a. 1923.

[4]Christian M. Nebehay (Hg.): *Gustav Klimt. Dokumente*, Wien 1969.

[5]Emil Pirchan: *Gustav Klimt. Ein Künstler aus Wien*, Wien/Leipzig 1942.

[6]Arthur Roessler: *Erinnerungen an Egon Schiele*, Wien 1948.

[7]Max Burckhardt in *VER SACRUM*, Heft 1, Wien 1898, S. 19.

[8]Christian M. Nebehay: *Gustav Klimt. Sein Leben nach zeitgenössischen Berichten und Quellen*, München 1976, S. 102.

[9]ebd., S. 201.

[10]Ida Foges: *Persönliche Erinnerungen Egon Schieles*, Neues Wiener Journal, 4. März 1918.

[11]Wilhelm Dessauer: *Eine Winterreise mit Klimt. Nach Erinnerungen des Malers Maximilian Lenz*, in: *Österreichische Kunst* (Monatsschrift für bildende und darstellende Kunst, Architektur und Kunsthandwerk), 4. Jahrgang, Heft 3, Wien 1933, S. 11f.

[12]ebd.

[13]Zitiert nach Christian M. Nebehay: *Gustav Klimt. Sein Leben nach zeitgenössischen Berichten und Quellen*, München 1976, S. 173.

[14]ebd., S. 175f.

[15]ebd., S. 215f.

[16]Arthur Roessler: *Der Malkasten. Künstleranekdoten*, Wien 1924, S. 119.

[17]Arthur Roessler: *In memoriam Gustav Klimt*, Wien 1926. S. 7f.

[18]Arthur Roessler: *Erinnerungen an Egon Schiele*, Wien 1948.

[19]Alfred Weidinger (Hg.): *Inselräume. Teschner, Klimt & Flöge. Seewalchen am Attersee* 1988, S. 12.

[20]Franz Servaes, in: *Der Merker*, 3. Jg., 2. Heft, Wien 1912.

[21]Berta Zuckerkandl: *Zeitkunst*. Wien 1901–1907. Wien und Leipzig 1908.

[22]Zitiert nach Christian M. Nebehay: *Gustav Klimt. Sein Leben nach zeitgenössischen Berichten und Quellen*, München 1976, S. 181.

[23]Alma Werfel: *Mein Leben*. Frankfurt 1963, S. 27.

[24]ebd., S. 28.

[25]ebd.

[26]Zitiert nach Christian M. Nebehay: *Gustav Klimt. Sein Leben nach zeitgenössischen Berichten und Quellen*, München 1976, S. 173.

Die Besitzer der abgebildeten Klimtgemälde und -zeichnungen sind, so weit bekannt, in den Beschriftungen der einzelnen Abbildungen angeführt. Die meisten Vorlagen entstammen gemeinfreien Sammlungen oder dem verlagseigenen Archiv historischer Abbildungen und Publikationen. Als weitere wichtige Bild- und Textquellen seien die nachfolgend angeführten Veröffentlichungen hervorgehoben:

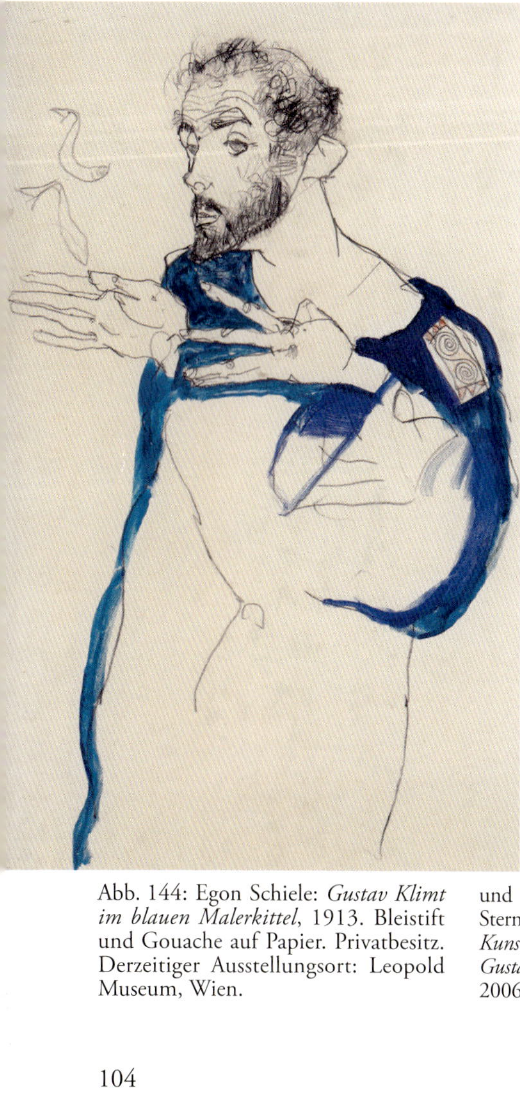

Abb. 144: Egon Schiele: *Gustav Klimt im blauen Malerkittel*, 1913. Bleistift und Gouache auf Papier. Privatbesitz. Derzeitiger Ausstellungsort: Leopold Museum, Wien.

Nina Börnsen: *Das Gustav Klimt Album. Leben und Werk in Daten und Bildern*, Dortmund 1991. Abb. 13, 18, 26, 82 u. 83. • Otto Breicha (Hg.): *Gustav Klimt. Die Goldene Pforte. Werk – Wesen – Wirkung*, Salzburg 1978. • Marian Brisanz-Prakken: *Gustav Klimt. Der Beethovenfries. Geschichte, Funktion und Bedeutung*, Salzburg 1977. • Marian Brisank-Prakken: *Heiliger Frühling. Gustav Klimt und die Anfänge der Wiener Secession 1895–1905*, Wien u. a. 1999. • Wolfgang G. Fischer: *Gustav Klimt und Emilie Flöge, Genie und Talent, Freundschaft und Besessenheit*, Wien 1987. • Gottfried Fliedl: *Gustav Klimt. 1862–1918. Die Welt in weiblicher Gestalt*, Köln 2006. Abb. 47. • Andreas Gabelmann: *Gustav Klimt und das ewig Weibliche*, Ostfildern 2011. • Carl Haenlein (Hg.): *Gustav Klimt. Zeichnungen*, Hannover 1984. • Ludwig Hevesi: *Acht Jahre Secession*, Wien 1906. • Agnes Husslein-Arco: *Gustav Klimt und die Kunstschau 1908*, München 2008. • Agnes Husslein-Arco und Alfred Weidinger: *Gustav Klimt und die Künstler-Compagnie,* Wien 2007. • Agnes Husslein-Arco und Alfred Weidinger: *Gustav Klimt & Emilie Flöge*, München, London und New York 2012. • Stephan Koja (Hg.): *Gustav Klimt. Landschaften*, München u. a. 2002. Abb. 4, 74, 79, 80, 87, 96, 99, 100 u. 124. • Nina Kränsel: *Gustav Klimt*. München 2006. • Rainer Metzger: *Gustav Klimt. Das graphische Werk*, Wien 2005. • Tobias G. Natter (Hg.): *Gustav Klimt. Sämtliche Gemälde*, Köln 2012. • Christian M. Nebehay: *Gustav Klimt. Sein Leben nach zeitgenössischen Berichten und Quellen*, Wien 1976. Abb. 13, 37, 46 u. 49. • Gilles Néret: *Gustav Klimt*. 1862–1918, Köln 2007. • Susanna Partsch: *Gustav Klimt und die Frauen*, München u. a. 2004. Abb. 98, 109, 117, 118 u. 119. • Laura Payne: *Klimt*, Bath 2004. • Emil Pirchan: *Gustav Klimt. Ein Künstler aus Wien*. Wien und Leipzig 1942. • Johannes Sachslehner und Barbara Sternthal (Hg.): *Diesen Kuss der ganzen Welt. Leben und Kunst des Gustav Klimt*, Wien 2005. • Barbara Sternthal: *Gustav Klimt. 1862–1918. Mythos und Wahrheit*, Wien 2006. Abb. 13. • Alfred Weidinger: *Klimt*. München 2007.

Das schöne Antlitz der von Klimt um 1900 gemalten Frau begegnet uns auch auf dem berühmten Ölgemälde *Nixen* (*Silberfische*) aus dem Jahr 1899. Ob die Porträtierte davon wußte, ist nicht bekannt.

Im Ersten Weltkrieg soll Rose als Pflegerin in einem Wiener Lazarett geholfen haben, dabei habe sie sich eine Infektion zugezogen. Mit noch nicht ganz 55 Jahren stirbt sie am 13. Januar 1919 an Typhus.

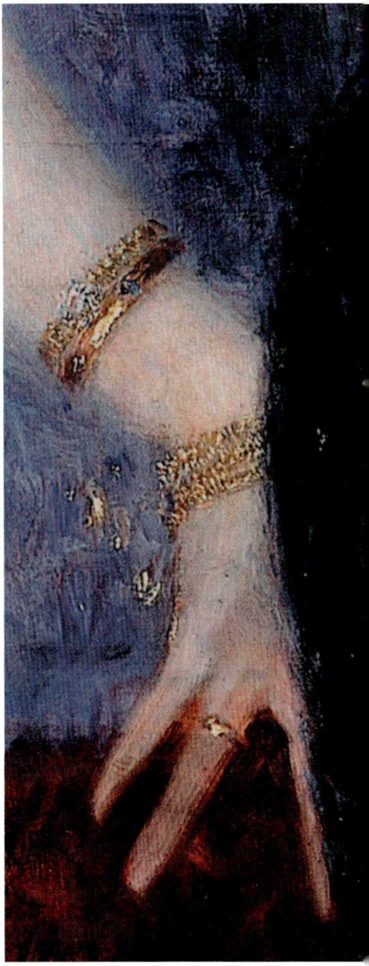

ANMERKUNGEN

[1]Zitiert nach Christian M. Nebehay: *Gustav Klimt. Sein Leben nach zeitgenössischen Berichten und Quellen*, München 1976, S. 39f.
[2]Gustav Pauli (Hg.): *Alfred Lichtwark. Reisebriefe*, Hamburg 1923.
[3]Anton Faistauer: *Neue Malerei aus Österreich. Betrachtungen eines Malers*, Zürich u. a. 1923.
[4]Christian M. Nebehay (Hg.): *Gustav Klimt. Dokumente*, Wien 1969.
[5]Emil Pirchan: *Gustav Klimt. Ein Künstler aus Wien*, Wien/Leipzig 1942.
[6]Arthur Roessler: *Erinnerungen an Egon Schiele*, Wien 1948.
[7]Max Burckhardt in *VER SACRUM*, Heft 1, Wien 1898, S. 19.
[8]Christian M. Nebehay: *Gustav Klimt. Sein Leben nach zeitgenössischen Berichten und Quellen*, München 1976, S. 102.
[9]ebd., S. 201.
[10]Ida Foges: *Persönliche Erinnerungen Egon Schieles*, Neues Wiener Journal, 4. März 1918.
[11]Wilhelm Dessauer: *Eine Winterreise mit Klimt. Nach Erinnerungen des Malers Maximilian Lenz*, in: *Österreichische Kunst* (Monatsschrift für bildende und darstellende Kunst, Architektur und Kunsthandwerk), 4. Jahrgang, Heft 3, Wien 1933, S. 11f.
[12]ebd.
[13]Zitiert nach Christian M. Nebehay: *Gustav Klimt. Sein Leben nach zeitgenössischen Berichten und Quellen*, München 1976, S. 173.
[14]ebd., S. 175f.
[15]ebd., S. 215f.
[16]Arthur Roessler: *Der Malkasten. Künstleranekdoten*, Wien 1924, S. 119.
[17]Arthur Roessler: *In memoriam Gustav Klimt*, Wien 1926. S. 7f.
[18]Arthur Roessler: *Erinnerungen an Egon Schiele*, Wien 1948.
[19]Alfred Weidinger (Hg.): *Inselräume. Teschner, Klimt & Flöge. Seewalchen am Attersee* 1988, S. 12.
[20]Franz Servaes, in: *Der Merker*, 3. Jg., 2. Heft, Wien 1912.
[21]Berta Zuckerkandl: *Zeitkunst*. Wien 1901–1907. Wien und Leipzig 1908.
[22]Zitiert nach Christian M. Nebehay: *Gustav Klimt. Sein Leben nach zeitgenössischen Berichten und Quellen*, München 1976, S. 181.
[23]Alma Werfel: *Mein Leben*. Frankfurt 1963, S. 27.
[24]ebd., S. 28.
[25]ebd.
[26]Zitiert nach Christian M. Nebehay: *Gustav Klimt. Sein Leben nach zeitgenössischen Berichten und Quellen*, München 1976, S. 173.

Die Besitzer der abgebildeten Klimtgemälde und -zeichnungen sind, so weit bekannt, in den Beschriftungen der einzelnen Abbildungen angeführt. Die meisten Vorlagen entstammen gemeinfreien Sammlungen oder dem verlagseigenen Archiv historischer Abbildungen und Publikationen. Als weitere wichtige Bild- und Textquellen seien die nachfolgend angeführten Veröffentlichungen hervorgehoben:

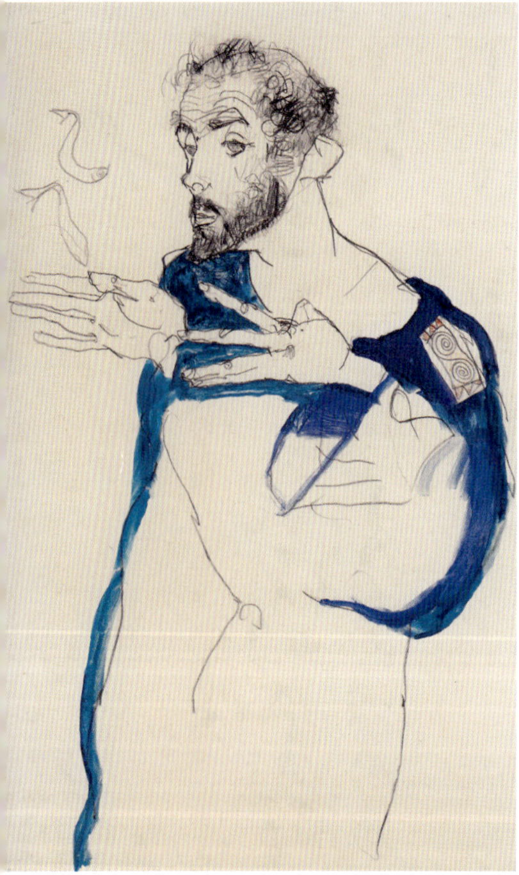

Abb. 144: Egon Schiele: *Gustav Klimt im blauen Malerkittel*, 1913. Bleistift und Gouache auf Papier. Privatbesitz. Derzeitiger Ausstellungsort: Leopold Museum, Wien.

Nina Börnsen: *Das Gustav Klimt Album. Leben und Werk in Daten und Bildern*, Dortmund 1991. Abb. 13, 18, 26, 82 u. 83. • Otto Breicha (Hg.): *Gustav Klimt. Die Goldene Pforte. Werk – Wesen – Wirkung*, Salzburg 1978. • Marian Brisanz-Prakken: *Gustav Klimt. Der Beethovenfries. Geschichte, Funktion und Bedeutung*, Salzburg 1977. • Marian Brisank-Prakken: *Heiliger Frühling. Gustav Klimt und die Anfänge der Wiener Secession 1895–1905*, Wien u. a. 1999. • Wolfgang G. Fischer: *Gustav Klimt und Emilie Flöge, Genie und Talent, Freundschaft und Besessenheit*, Wien 1987. • Gottfried Fliedl: *Gustav Klimt. 1862–1918. Die Welt in weiblicher Gestalt*, Köln 2006. Abb. 47. • Andreas Gabelmann: *Gustav Klimt und das ewig Weibliche*, Ostfildern 2011. • Carl Haenlein (Hg.): *Gustav Klimt. Zeichnungen*, Hannover 1984. • Ludwig Hevesi: *Acht Jahre Secession*, Wien 1906. • Agnes Husslein-Arco: *Gustav Klimt und die Kunstschau 1908*, München 2008. • Agnes Husslein-Arco und Alfred Weidinger: *Gustav Klimt und die Künstler-Compagnie,* Wien 2007. • Agnes Husslein-Arco und Alfred Weidinger: *Gustav Klimt & Emilie Flöge*, München, London und New York 2012. • Stephan Koja (Hg.): *Gustav Klimt. Landschaften*, München u. a. 2002. Abb. 4, 74, 79, 80, 87, 96, 99, 100 u. 124. • Nina Kränsel: *Gustav Klimt*. München 2006. • Rainer Metzger: *Gustav Klimt. Das graphische Werk*, Wien 2005. • Tobias G. Natter (Hg.): *Gustav Klimt. Sämtliche Gemälde*, Köln 2012. • Christian M. Nebehay: *Gustav Klimt. Sein Leben nach zeitgenössischen Berichten und Quellen*, Wien 1976. Abb. 13, 37, 46 u. 49. • Gilles Néret: *Gustav Klimt*. 1862–1918, Köln 2007. • Susanna Partsch: *Gustav Klimt und die Frauen*, München u. a. 2004. Abb. 98, 109, 117, 118 u. 119. • Laura Payne: *Klimt*, Bath 2004. • Emil Pirchan: *Gustav Klimt. Ein Künstler aus Wien*. Wien und Leipzig 1942. • Johannes Sachslehner und Barbara Sternthal (Hg.): *Diesen Kuss der ganzen Welt. Leben und Kunst des Gustav Klimt*, Wien 2005. • Barbara Sternthal: *Gustav Klimt. 1862–1918. Mythos und Wahrheit*, Wien 2006. Abb. 13. • Alfred Weidinger: *Klimt*. München 2007.